hommes & montagnes

Sentiers de vie

Photographie de couverture : © Bruno Ramain

Prépresse et fabrication : Glénat Production

Couvent Sainte-Cécile
37, rue Servan – 38000 Grenoble
www.glenat.com

ISBN 978-2-344-04631-9
Dépôt légal : janvier 2021

PEFC PEFC/14-38-00302

pour Annie

Bienvenue sur ces sentiers de vie qui sont un peu aussi les vôtres.
Beau chemin de vie
et bonne lecture

Vincent Lecarme

le 10.10.2021
Hermillon

Vincent Lecarme

—

Sentiers de vie

Récits d'un médecin de montagne

Glénat

À ma famille

J'ai quitté le chemin balisé et emprunté sur quelques mètres le rebord de la piste de ski nordique qui torsade dans la blancheur du champ. Mes chaussures de montagne signent la couche épaisse de leur empreinte profonde et régulière.

À l'entrée de la forêt de résineux, je devine la sente qui s'enfonce sous les arcades des arbres serrés, protégeant le sol des précipitations. Quelques feuilles et des aiguilles rousses, rescapées de l'automne, pointent au travers de petits névés, exhalant une odeur humide et sucrée de terre fermentée.

Plus loin, en contrebas, masquée par la densité des troncs qui filent dans la pente, on perçoit la course inlassable du torrent forçant son passage entre la glace et les rochers.

Je m'attarde un peu dans cet environnement protecteur, laissant s'écouler librement mes pensées, mes souvenirs, mes émotions. Mes mains caressent la mousse encore verte, glissent sur la pierre ardoisée, s'arrêtent sur l'écorce rugueuse et parfumée.

Il est enfin arrivé ce moment que je pressentais depuis longtemps. Il est temps de raconter mon cheminement sur les *Sentiers de vie*.

1re partie

SUR LES ROUTES

Vous arrivez en terre de Savoie, à destination de la vallée de Haute-Maurienne. Passée la Combe et longée l'Isère, vous avez bifurqué à contre-courant de l'Arc qui serpente aux pieds des hauts massifs, en direction de la cité frontalière de Modane. À partir de là, il faut parfois mettre les chaînes pour pouvoir s'engager dans les premiers lacets, traverser la forêt du Nant et déboucher dans un panorama lumineux qui s'élargit soudain, découvrant le haut de la vallée, avec ses villages préservés, répartis régulièrement sur les berges de la rivière, jusqu'aux portes des cols de l'Iseran et du Mont-Cenis.

La vie rurale a conservé là ses fondements, ses valeurs, magnifié son territoire pour mieux le partager.

On se règle sur le rythme des saisons en montagne ; l'été et l'hiver avec l'affluence touristique, le décuplement de la population, l'ouverture au monde extérieur, et les intersaisons du printemps et de l'automne, quand les villages se réapproprient leur identité, reprennent leur souffle.

Vivre ici, c'est s'adapter à la respiration des éléments : l'altitude, le vent, les tempêtes de neige, l'éblouissement du ciel et du soleil, le flux des torrents, le cycle des arbres, les colères de la roche et des avalanches. C'est tenir compte de la dépendance des animaux de la ferme et de la liberté des bêtes sauvages.

Rester ici, c'est trouver sa place, respecter, prendre le temps, échanger, apprendre à connaître, se mettre à disposition, faire partie d'un village, en comprendre l'histoire, savoir s'effacer tout autant que faire corps dans les moments difficiles. C'est aussi se construire une vie affective solide, préserver l'intime, rechercher la cohésion et l'entraide.

Exercer ici, c'est se souvenir que le premier hôpital est à une heure de route, qu'il n'y a ni spécialiste ni pôle d'urgence sur place, que les services de haute technologie se trouvent encore deux fois plus loin. C'est savoir qu'on peut être amené à tout voir, à prendre des décisions lourdes de responsabilité et de conséquences. L'isolement exige un cabinet doté d'un espace dédié à la traumatologie, une salle de radiographie, du matériel et une formation à l'urgence, et, plus que tout, une disponibilité permanente, quels que soient l'heure, le jour ou la saison. On vit parmi et avec les personnes que l'on soigne, même dans les périodes de forte densité touristique. C'est un choix de vie, une aventure familiale, professionnelle et personnelle qui transcende, qui épuise aussi parfois.

À partir des années 1990, j'ai ressenti le besoin d'écrire, au gré de mes émotions, de partager quelques moments marquants de cette drôle de vie de médecin, témoigner d'un monde en mutation, laisser une trace, un parfum, une musique.

Dire l'humain.

Au bout de son chemin

Il me reste une vingtaine de minutes pour arriver tout au fond de la vallée, dans le hameau haut perché, assemblement de maisons en pierres sèches et toits de lauzes, imbriqué dans les masses rocheuses qui le fixent à la pente, déserté de ses habitants dès les premières neiges, pratiquement vide en ce début d'automne.

J'ai quitté la chorale en pleine répétition, sur appel du centre 15 et de la gendarmerie. Tout en conduisant sur la route tortueuse, je prends le temps de me remplir les yeux et la tête du paysage qui défile dans le halo de mes phares. C'est ma façon à moi de plonger dans la réalité tangible, pour éviter le déni – au moins partiel – de ce qui risque de m'attendre sur place. Je laisse Bonneval derrière moi, franchis l'Arc, dépasse les nouveaux bâtiments agricoles et m'engage dans des lacets pentus sillonnant entre les éboulis anciens qui ont forcé le goudron à les contourner, avec des accotements instables, sans grande possibilité de croiser qui que ce soit. Je reconnais sur ma gauche, dans un flash lumineux, la silhouette arrondie du pont très ancien qui a su résister à toutes les crues. Je suis la danse stroboscopique des hautes herbes et des derniers arbres de la forêt en amont, découvrant ce paysage que je connais uniquement de jour et dans un contexte tout autre.

Je suis contraint de me garer juste avant le barrage EDF, en dessous des dernières maisons, sur un parking de fortune en fort dévers aval, entre les véhicules de pompiers, la fourgonnette de gendarmerie et les voitures des familles qui espèrent des nouvelles qui ne viennent pas. La descente du corps n'est pas encore annoncée. Le froid est compact, accentué par une petite bise d'altitude, par la nuit d'encre, sans autre étoile que les gyrophares qui tournent parce qu'on n'a pas trouvé bon de les arrêter, par l'appréhension, la sidération et la douleur de ceux qui, comme moi, attendent sans parler, sans bouger, de pouvoir enfin tenter de servir à quelque chose.

Plus haut, sur la pente abrupte qui descend du chalet d'alpage, avance la procession d'un autre âge, comme dans un récit de Ramuz, hors du temps, hors de la vie, hors de toute réalité. Quelques points lumineux pulsent faiblement derrière les deux yeux du quad qui ramène au pas dans sa remorque la dépouille suivie par la femme, le père, les frères, torche à la main. Eux ont vu et savent.

La nuit et le recueillement vont sceller les lèvres des personnes présentes, au moins jusqu'au lever du jour, le temps que le travail de chacun soit accompli.

Volontairement isolé dans ce chalet d'estive, seul avec ses tourments, outils agricoles et matériel de montagne sous la main, il a rejoint son destin.

Lumineuse respiration

On est déjà à la fin mars. L'hiver et la saison touristique sont censés calmer leur rigueur et leur ardeur, du moins commencer à les tempérer.

C'est le jour de mes visites à Bessans. La neige ne cesse de tomber depuis la veille au soir, comme une chute de décembre, tout à la fois dense et légère, serrée, fine, régulière. Dans la montée de la Madeleine, ma progression est un peu aléatoire, entre les roues qui chassent à tour de rôle et les repères qui se perdent, blancs sur blanc, dans un relief que ma mémoire tente de recomposer. Seuls les longs piquets noir et jaune plantés sur les bas-côtés par les Ponts et Chaussées m'indiquent que je ne suis pas encore sorti de la route. À la descente du col, un peu avant le pont Vert qui marque le franchissement de l'Arc, je croise le chasse-neige. Il vient de faire demi-tour devant moi pour je ne sais quelle raison, me laissant la voie libre, ou plutôt fermée, vers une portion de route recouverte d'une couche de poudre lumineuse haute jusqu'à mi-portière, qui semble m'inviter à me laisser engloutir entre sol et ciel sans démarcation. Impressionné, je me prends pourtant au jeu et, agrippé au volant, les yeux rivés au-delà de ce paysage fantomatique et scintillant, je fends l'écume qui jaillit par-dessus mon pare-brise en flots continus et que mes essuie-glaces peinent à canaliser. Sentiment d'euphorie, de peur et de liberté mêlées. Quelques pas de valse avec Dame Nature, un plaisir futile et délicieux, juste avant le retour à la réalité dès les premières maisons du village.

Clap de fin

Fin d'été, début d'après-midi, grand beau et chaleur inhabituelle à cette altitude. Alternance de gravier, de terre, quelques plaques d'asphalte mâchouillées par les rigueurs des hivers passés, franchissement régulier des rigoles anti-ravinement. La poussière vole sous les roues de la voiture qui m'ouvre le chemin, cuivrant mon pare-brise d'une farine orangée. On passe des prairies en pente raide, quelques pins cembro et mélèzes en ordre dispersé. Deux virages en épingle à cheveux à prendre en deux fois, avec les pneus à la limite de l'adhérence. On arrive finalement sur l'obstacle infranchissable de deux énormes camions de la production du film.

Des gens s'affairent, beaucoup de matériel est étalé le long du sentier qui grimpe à la verticale vers la bergerie d'un autre temps, encastrée sous un énorme rocher. Elle surplombe le vide et offre un panorama époustouflant sur le col du Mont-Cenis, la pointe de la Turra, la vallée de la Haute-Maurienne et la dent Parrachée sur ma droite, par-delà la lisière de la forêt.

J'ai le souffle court, la gorge en carton et la sueur me coule dans le dos, chargé que je suis de tout mon équipement d'intervention, à la limite de mes capacités physiques. Il y a beaucoup de monde dans cet endroit pourtant mal adapté au commun des mortels. Chacun attend un miracle. L'espace de travail est exigu, sombre, une sorte de grotte sertie d'impressionnantes masses rocheuses, de la paille, un sol en terre battue, une échelle qui grimpe vers un resserrement encore plus obscur. Pas la place pour se tenir debout ni assis, pour poser le matériel de réanimation, ouvrir mon gros sac d'urgences, masser correctement. Le défibrillateur est en équilibre précaire, la bouteille d'oxygène coincée dans une anfractuosité. Trois pompiers s'activent en position instable. La victime en est à son troisième arrêt cardiaque, après un choc anaphylactique causé par quatre ou cinq piqûres de guêpes sur terrain allergique connu.

Silence sur le plateau. Le décor n'en est plus un. Que des personnes de la vraie vie, une destinée qui bascule. Tout, sauf du cinéma.

Le jour se lève

L'antique fourgonnette 4x4 des pompiers, haute sur pattes, ses essieux et ses amortisseurs en bout de course, franchit vaillamment tous les obstacles du chemin à peine carrossable. Si nous ne nous sommes pas de nouveau trompés au dernier embranchement, nous filons en direction du refuge du Suffet.

Chaque ornière nous secoue un peu plus. Écrasé contre la vitre latérale par mes deux voisins de siège, j'ai tout le loisir de surveiller la distance infime qui sépare les roues du précipice que la nuit étoilée et la pleine lune peinent à masquer.

Voilà plus d'une heure que nous sommes partis, sans savoir exactement où se trouvait ce chalet d'estive mis à disposition pour une soirée entre ados. Trop d'alcool et de boissons dites énergisantes, l'altitude, l'isolement, le cœur d'un des jeunes qui s'emballe au milieu de la nuit, la trouille, et pas de véhicule sur place. Le plus simple est encore de prévenir les pompiers et d'appeler le médecin.

Dans la forêt, j'ouvre le fenestron de la portière et passe la tête à l'extérieur pour mieux surveiller la route. Respirer l'air pur. Odeurs d'humus, de terre, de mousse, de résine, d'obscurité. Parfums de la nuit, de troncs, d'aiguilles. Un petit frisson de liberté et d'aventure, quand, en dessous dans la vallée, tout le monde doit dormir.

Une clairière en pente sous la clarté lunaire. Un petit chalet en pierres un peu plus haut sur le terrain, une porte ouverte dégueulant sa lumière jaunâtre. Une brochette de gamins du pays mal réveillés. Le cœur qui s'était emballé a retrouvé son rythme de croisière et les premiers rayons du soleil dévoilent un paysage de création du monde.

Telle une même bande de gosses émerveillés, privilégiés, heureux, les sapeurs-pompiers, le médecin et les jeunes se tiennent debout face à la pente, les bras ballants, les pupilles grandes ouvertes sur ce décor parfait, sans autre limite que celle de leur capacité à absorber tant de beauté et de paix.

Points de vue

« Ma femme l'a vu débouler sur la droite, juste avant le pont. Il a dû penser qu'il avait le temps de passer, j'allais pas trop vite, à cause du verglas – c'est une vraie patinoire. J'ai eu du bol de pas me le payer direct ! Par contre, le type à la fourgonnette qui m'a doublé n'a rien vu. Il devait être pressé, il a même pas freiné, il s'est pris le camion en pleine poire. Ça a cogné sec. Ils doivent être sacrément amochés là-dedans… Quelqu'un a appelé les secours ? On est coincés pour un moment, ça c'est sûr. »

« Bonjour, centre 15, on vous déclenche en tant que MCS[1] pour un AVP[2] : deux véhicules impliqués, juste avant l'entrée dans Bessans, choc frontal, trois blessés graves dont un incarcéré dans le véhicule montant. Les pompiers sont sur les lieux et le médecin SMUR[3] de Modane est engagé et sur le départ. »

Une bouffée de stress alors que je m'apprêtais à terminer ma journée l'esprit serein, sans garde de nuit. Pas le temps de se poser trop de questions : rassembler le matériel d'urgence, s'habiller chaudement en prévision du froid et du temps à passer sur place. Consignes rapides à ma collègue qui éteindra les ordinateurs et fermera le cabinet.

Je fixe l'aimant du gyrophare bleu sur le toit de ma nouvelle voiture blanche, coince la spirale de son cordon noir dans le caoutchouc de la portière et le branche à l'allume-cigare. Marche arrière prudente. Je traverse le village en bridant mon impatience et mon pied sur l'accélérateur, en vigilance absolue, concentré sur ma conduite et sur le protocole des gestes à venir, les drogues à utiliser et leurs posologies. Petite séance de révision, préparation à l'action, contrôle des émotions et de l'imagination.

1. Médecin correspondant du SAMU (Service d'aide médicale urgente).
2. Accident de la voie publique.
3. Service mobile d'urgence et de réanimation.

La voiture répond au quart de tour, les roues accrochent bien dans les virages et le moteur a de la réserve ; tout du bon. Dans la descente du col, après les premiers lacets, je devine au loin le scintillement bleuté des véhicules de secours et les faisceaux des projecteurs plein jour qui balaient la scène du carambolage.

Passage du pont Vert, bifurcation sur la gauche, premières voitures arrêtées en amont, warning clignotant. Je les double en scrutant la voie descendante. Sur les lieux mêmes de l'accident, je rejoins une armada de véhicules de gendarmerie et de pompiers, plusieurs VSAB[4], plots et barrières d'arrêt orange et blanc phosphorescent. Du monde partout, en treillis bleu sombre et bandes réfléchissantes ; aucun badaud en vue, sans doute tous confinés dans leurs véhicules à l'arrêt. Et cette lumière artificielle, violente et crue qui pourrait faire croire au tournage d'un film.

Je trouve à me garer complètement sur la gauche, contre le mur de neige du bord de route, juste derrière un véhicule de pompiers, warning et gyrophare toujours en marche. Je déballe mon matériel sur la chaussée dure, blanc nacré brillant, glissante comme une piste de curling, véritable appel au suraccident. Pas mal d'agitation, mais pas de désordre, chacun connaît sa place et les chefs d'agrès[5] font bien leur boulot, personne n'est spectateur, il n'y a pas de rôle secondaire, pas de vedette non plus.

On me passe le premier bilan : deux blessés dans le camion, conscients, stables, non incarcérés, déjà pris en charge pour

---

4. Véhicule de secours aux asphyxiés et aux blessés.
5. Sapeur-pompier responsable de la planification et de la gestion des activités des personnels armant leur véhicule.

l'immobilisation et la préparation des manœuvres d'extraction avant l'arrivée du médecin du SMUR.

Le cas le plus urgent se trouve dans le Kangoo vert foncé, l'arrière gauche plaqué contre le mur de neige, l'avant gauche à moins d'un mètre du nez du camion, tôle enfoncée, vitres latérales en miettes et pare-brise en étoile. Le blessé est bloqué par la porte rentrée dans l'habitacle, le siège basculé en position avant et le tableau de bord descendu au ras des genoux, le volant à quelques centimètres du thorax. Bilan médical succinct et repérage de l'espace de travail exigu, avant de décider ce qu'il convient de faire. Deux pompiers sont sur place, l'un à l'arrière du siège conducteur, dévolu à la surveillance de l'axe tête-cou-tronc et au maintien du collier cervical, l'autre à la droite du premier, pour préparer le conditionnement de la victime et aider aux gestes médicaux.

J'ai étalé mon matériel sur le plateau en floqué noir de la plage arrière qui a été démonté pour dégager un accès par le coffre et que j'ai posé sur la chaussée glacée, à distance du véhicule et du piétinement incessant des secours. Le sac d'urgences rouge et or est largement ouvert, sacoches de perfusion et des injectables à portée de main. Préparation du perfuseur, du cathéter, de la poche de sérum, ampoules de morphine, garrot, pansements, tensiomètre, oxymètre digital, stéthoscope, gants chirurgicaux, alcool, Bétadine… sans avoir pris le temps d'enlever mon anorak. La frontale, bien fixée par-dessus mon bonnet, éclaire comme elle peut mon champ de travail.

Assis de travers sur le siège avant droit, mon matériel en équilibre sur le vide-poches déjà bien encombré, à portée de main droite, je referme la portière derrière moi pour atténuer l'intrusion du froid. Puis je donne mon accord pour le découpage des montants du toit avant désincarcération.

Espace confiné, sombre, glacé, exigu, inconfortable. Une bâche en plastique vert métallisé est tendue au-dessus de ma tête, de celles du blessé et des deux pompiers présents, pour parer les projections de verre, faire barrière aux sections d'acier coupantes comme des rasoirs, isoler cette scène médicale.

À quelques centimètres de moi, la tête dangereusement inclinée vers l'avant, forcée par l'appuie-tête qui s'est plié sous l'impact, la minerve en plastique jaune et bleu lui remontant devant la mâchoire, du sang et de la salive rejetés dans le masque à oxygène, il respire par saccades, expulsant une buée sale dans le ballon de réserve en plastique transparent.

Je ne vois que la partie droite de son visage, mais la traînée poisseuse qui lui macule les cheveux et coule sur son menton m'indique qu'il a une plaie profonde de la tempe gauche et du cuir chevelu. Je ne distingue que le haut de sa cuisse gauche : son collant de ski de fond violet est imbibé de sang, l'obscurité dissimule le reste de sa jambe coincé sous le tableau de bord et l'emplacement du pédalier.

J'ai découpé les couches de vêtement qui recouvrent son bras droit pour lui poser une voie veineuse et prendre une tension. Le coude reste en flexion partielle et rotation interne avec une veine globuleuse et courte, dans un pli de flexion entouré de poils drus et moites. Je dois forcer pour conserver à la fois une extension imparfaite et limiter les mouvements de sa main qui malaxe la mienne en cadence, dans un mouvement automatique puissant, rendant ma manœuvre quasi impossible. Le pompier le plus proche s'est courbé un peu plus entre les deux sièges pour garder la poche de sérum physiologique en hauteur et limiter les gestes incontrôlés du blessé. Dans le faisceau étroit de ma frontale, je dois m'y reprendre à deux fois pour traverser la peau dure, franchir cette veine dilatée en anticipant les réactions réflexes, retirer le mandrin, comprimer le cathéter afin de juguler le saignement, raccorder l'embout du perfuseur, fixer les pansements en passant la tubulure autour du pouce, libérer le garrot et ouvrir le robinet d'arrivée pour vérifier que je ne suis pas à côté de la veine. Vite, préparer l'ampoule et titrer la morphine, prêt à pousser le piston de la seringue au moment voulu.

« Ça va, monsieur ? Je suis le médecin, je vous ai mis une perfusion, je vais vous soulager pour qu'on puisse vous extraire de là. On est en train de découper le toit de votre voiture, la portière et le siège sont bloqués. Vous avez eu un accident, mais il y a du monde pour vous aider et vous mettre au chaud. N'essayez pas de bouger, on fait au plus vite.

– J'ai froid… j'ai froid… j'ai froid… j'sens plus ma jambe… j'ai mal aux dents… j'sens plus ma jambe… j'ai froid… j'ai froid… j'sens plus ma jambe…

– Ne bougez pas, ça va aller, le docteur s'occupe de vous, on va bientôt vous dégager, on se dépêche pour vous mettre au chaud. Tout va bien, gardez le masque, c'est pour mieux respirer. Je vous tiens la tête, ne pliez pas votre bras, le docteur va vous donner un médicament et vous n'aurez plus mal. Ne bougez pas, ça va aller, on va vous sortir de là, tout va bien, on va vite vous sortir. On est en train de découper la voiture, vous avez eu un accident, tout va bien…

– Baissez-vous, toubib, ils coupent les montants de devant. Attention aux morceaux de verre ! ils vont faire sauter le pare-brise…

– Tiens la perf le plus haut possible. Contrôle le goutte-à-goutte, je lui passe sa morphine. Vas-y, ouvre le robinet à fond. Parfait ! Diminue le débit, une goutte toutes les deux secondes… Très bien. Pense à vérifier l'oxygène, le niveau est bas, demande à ce qu'on change ta bouteille. Faites gaffe aux morceaux de verre, tous les deux, il y en a partout. Ça va toujours, monsieur ? La douleur va disparaître dans quelques secondes. Dites-moi bien si vous avez envie de vomir... La découpe est presque finie, on peut vous dégager. Laissez-vous faire, ne nous aidez pas, tout va bien se passer... »

Le bruit est assourdissant : craquements du métal et des plastiques durs sous la morsure des pinces et des écarteurs, gémissements du châssis, ronflement des compresseurs nous obligeant à parler chaque fois un peu plus fort. Soubresauts de la voiture, le temps qui file, le patient qui se refroidit dangereusement. Impossible de le surveiller correctement : je suis de travers sur le siège passager, la jambe droite bloquée sous la bouteille d'oxygène, les doigts engourdis dans mes gants en nitrile bleu. Le patient est stable, heureusement, et un peu moins obnubilé. Je ne lâche pas sa main, pour ne pas perdre le contact, tandis qu'il écrase la mienne consciencieusement, et de façon plus consciente à présent.

Un dernier gémissement du toit, un grand souffle glacé et un jaillissement de lumière crue. Surtout ne pas bouger, juste se baisser un peu plus, tout contre le blessé qui se plaint maintenant de sa mâchoire, demande où il est, dit qu'il ne se souvient de rien. On retire la bâche protectrice, deux sapeurs supplémentaires ont pénétré dans le véhicule par l'arrière, dont un chef à la manœuvre. Le plan dur[6] est introduit avec précaution entre le dossier du siège et le dos de la victime, tandis que sa tête est maintenue dans l'axe de la colonne. Dans le même temps, j'ai pu me

6. Longue planche de bois ou de plastique avec des poignées et des sangles, permettant de déplacer une victime dans des conditions difficiles en conservant la rectitude de l'axe du corps, des pieds jusqu'à la tête.

glisser sous le volant pour dégager sa jambe. Tout le monde est à sa place : l'un tient la bouteille d'oxygène, un deuxième la perfusion, six autres sont dédiés au levage. Le blessé est isolé du froid par des couvertures supplémentaires et la suite de l'intervention se déroule étonnamment vite, sans heurts ni complications.

Le VASB s'est placé en travers de la chaussée, les portes grandes ouvertes et le chauffage à fond pour réceptionner « mon » patient. Fermeture des portes, découpage des vêtements pour terminer l'examen et compléter le bilan, puis je passe le relais à mon collègue du SMUR qui vient de prendre en charge les deux autres victimes. L'échange des consignes est rapide. Encore un petit coup de main pour achever le dégagement. Récupération de mon matériel, derniers contacts avec les pompiers et remerciements rapides à chacun. Les gendarmes me libèrent la voie et je quitte les lieux de l'accident en remontant en sens inverse la file interminable des voitures qui attendent la réouverture de la route.

Alors seulement je me rends compte que plus de deux heures se sont écoulées, que je suis transi de froid, le dos en rémoulade, un peu sonné, un peu grisé aussi. Retour à la réalité du quotidien. Je m'éloigne du bruit, des lumières aveuglantes, de la douleur et de son soulagement, de la solidarité et des automatismes du travail, finalement heureux et un peu honteux de l'être, à ma place, dans un présent et une activité qui me satisfont pleinement.

Un monde sauvage

Un peu avant Lanslebourg, au passage du lieu-dit La Carmagnole, mon regard de myope est attiré par une masse gris-beige, immobile et spectrale dans la lumière bleu-rose du petit matin, à une centaine de mètres devant moi. Par réflexe, je lève le pied de l'accélérateur alors qu'à mon approche, dans un ralenti majestueux, la forme inconnue déploie ses ailes interminables couleur d'automne et s'élève vers les hauteurs, idéalement profilée, depuis son bec acéré jusqu'à ses serres puissantes.

Sur la route qui descend vertigineusement de Bellecombe à Termignon, en lisière de la forêt qui exhale son obscurité humide, mes phares viennent de débusquer le postérieur tressautant d'une laie accompagnée de deux marcassins déjà bien en chair. J'imagine ces derniers râlant comme deux adolescents contrariés de devoir accélérer le pas et suivre leur mère qui n'arrive pas à trouver une percée dans les buissons pour prendre la tangente.

C'est pourtant chose faite après quelques mètres parcourus dans leur rythmique un peu ridicule de futurs obèses, alors que la forêt les reprend sous sa protection.

Surgi de nulle part, comme une flammèche hystérique, un accent circonflexe inversé, l'écureuil de chez nous, sombre et furtif, inscrit sa ligne pointillée sur ma rétine éblouie.

C'est rarement dans la journée que nos chemins se croisent, mais plutôt entre chien et loup, quand ses yeux s'éclairent comme deux billes fluorescentes au ras des talus ou dans les herbes hautes. Sorti tout droit des contes de Goupil et d'Ysengrin illustrés par Samivel, fidèle à sa réputation, tour à tour immobile et véloce, il m'apparaît chaque fois comme un coup de pinceau flamboyant sur la toile vierge de la neige.

En montant au col de la Madeleine, dans un paysage de début d'hiver à la Bruegel, pris en tenaille entre un ciel laiteux et un sol sans relief ni limites, j'observe le ballet hypnotique d'une immense cape sombre, à la fois écrasante et aérienne. Dans un monde en noir et blanc, une centaine de chocards intimement assemblés en une unique entité, ondoient, comme entre deux eaux, tantôt masquant la lumière du jour, tantôt sur la tranche, en une lame effilée et menaçante. Penché en avant pour mieux voir à travers mon pare-brise cette vivante écriture, j'ai un instant l'impression de me tenir au bord d'un abîme.

À l'orée de la forêt et du printemps, à quelques encablures des dernières maisons de Lanslevillard, indifférents à mon passage bruyant, ils sont rassemblés en un véritable troupeau, venus profiter des prairies d'herbe tendre que la route escalade en lacets serrés. Leur présence ici est inhabituelle, si bien que je décide de me garer sur le bas-côté pour mieux savourer le spectacle. Les vieux mâles aux longues cornes recourbées se tiennent à quelques mètres de moi seulement, forts de leur sagesse et de leur puissance, protégeant les plus jeunes bouquetins. À ma fascination ils n'opposent qu'une indifférence feinte et une surveillance dédaigneuse.

Il devait se balader tranquillement sur le bord de la route avant que je ne le dérange. J'ai à peine le temps de l'entrevoir alors qu'il s'enfonce paresseusement dans les taillis. J'enregistre en un éclair l'image imposante d'une grosse boule blanc et noir, mi-paillasson mi-balai de sorcière, avec un museau de tamarin et des pattes griffues, que ma modeste connaissance naturaliste décode comme étant un blaireau.

Je me suis rangé sur le bas-côté, le temps de répondre au téléphone, pare-soleil baissé et le bas du visage en pleine lumière. Le petit rectangle du miroir me renvoie l'image du drôle d'animal que je suis : humain lambda de race blanche, grand front, lunettes rondes, barbe courte, cheveux en bataille et oreilles planquées sous un bonnet marin en laine noire.

2e partie

PATIENTS REMARQUABLES

Ils sont rares et précieux les moments pendant lesquels mon esprit est capable de se couper du maelström permanent de mes préoccupations professionnelles. Et même alors, le mode alarme reste enclenché.

Un traitement en cours, une décision prise ou à prendre, un diagnostic à affiner, des coups de téléphone à passer, un doute, un oubli, le bon fonctionnement du cabinet, un conflit à désamorcer, des nouvelles d'un malade, une urgence à débriefer… tout cela et bien d'autres choses me gardent éveillé la nuit, me tiennent compagnie en voiture, me tourmentent sous la douche, s'insinuent dans mes rêves, me coupent parfois l'appétit et me prennent par la main quand je ne m'y attends pas.

Ils ne sont pas des péripéties, des cas, des clients, ils sont des personnes qui souffrent, qui supportent, ils sont les patients, ceux-là mêmes qui me portent, qui me tiennent la main, me devancent et m'entraînent sur leurs propres chemins.

Ceux-là que j'ai choisi de suivre et de protéger.

Risques du métier

Cette visite-là, pour parler clair, je l'appréhende un peu, et je laisserais volontiers ma place, en ce début d'après-midi, à plus téméraire que moi.

L'accès à la ferme est difficile, le bâtiment enchâssé dans une gangue de neige sale et compacte, le seuil gardé par un large espace recouvert de glace vive et de purin, et par quatre chiens inquiétants qui ne me laissent pas approcher, excités par leur bâtardise et par l'odeur de ma peur de la gent canine.

Je me fraie un passage, à distance respectable de l'entrée, vers un fenestron grillagé, m'enfonçant jusqu'au genou dans la neige souillée, dans l'espoir de faire savoir que le docteur est là et qu'il préférerait ne pas être mordu…

Par chance, elle m'a entendu. Elle m'appelle du pas de sa porte, ses cerbères, temporairement calmés, regardant passer avec regret les mollets convoités. Je franchis le seuil, puis une marche glissante, et sous l'œil torve d'un molosse tapi dans l'obscurité, je progresse de portes humides en passages moites, jusqu'à une pièce unique attenante à l'étable dans laquelle je peine à distinguer les bêtes, englouti que je suis dans une vapeur dense et âcre. L'odeur acide des litières prend à la gorge, mes chaussures laissent leur empreinte dans un sol en partie composé de papier journal et gorgé d'un jus jaunâtre. Mes vêtements sont déjà imprégnés de cette puanteur épaisse et les verres de mes lunettes ont déclaré forfait, occultés par cette buée animale et chaude.

Je devine une table longue, encombrée de je ne sais trop quoi, deux bancs en bois brut, un coin couchage derrière un rideau jadis sans doute à fleurs, et tout un fatras d'objets méconnaissables. Les murs sont peut-être recouverts de chaux, ou alors d'une peinture qui a dû être beige. Je ne repère ni évier ni le moindre point d'eau, et la seule source de lumière provient du fenestron derrière lequel je me suis égosillé tout à l'heure.

Ma patiente est enveloppée jusqu'au-dessus de la taille dans un large plastique transparent qui préserve vaguement ses habits des projections diverses. Elle me houspille gentiment en me demandant de ne pas l'examiner puisque tout va bien – selon elle, bien sûr – et que j'ai sûrement d'autres malades à voir.

La même, quelques années plus tôt, avait dit à ma secrétaire qu'elle m'envoyait au diable puisque je n'étais pas à mon cabinet le jour de sa visite impromptue. Aujourd'hui, elle s'empêtre dans des problèmes de santé graves et complexes, en tout cas incompatibles avec son mode de vie et son inaptitude à entendre les choses de la médecine actuelle.

Elle a une confiance en moi aveugle et naïve qui me touche et m'effraie. Je la crains tout autant que j'ai de l'affection pour elle, et sa gentillesse rêche et maladroite m'apparaît soudain, dans la rudesse de son environnement, comme un cadeau unique et précieux.

Chuis foutue

Tous les médecins ont leurs casse-pieds attitrés et fidèles, leurs râleurs chroniques, ceux qui arrivent systématiquement au moment où l'on allait fermer le cabinet, ceux qui ne veulent jamais attendre et restent debout dans le couloir pour vous coincer entre deux consultations – « C'est juste pour un certificat… » « C'est juste pour me marquer la pilule… » –, sans oublier ceux qui ne veulent pas se déplacer – « Je préfère que vous passiez à la maison, plutôt que de perdre mon temps dans votre salle d'attente ».

Comment gérer ceux qui vous méprisent ouvertement et vous considèrent comme le médecin des bouseux ? Telle cette touriste, drapée dans sa fourrure et dans sa suffisance, qui pénètre dans mon bureau sans me regarder ni répondre à mon salut, et qui, après un coup d'œil circulaire, me gratifie d'un dédaigneux : « C'est meublé Ikea, ici ! » Tels ces patients de passage qui me demandent si est arrivée jusqu'à moi l'information de ce nouveau médicament dont *Elle* ou *Paris Match* a vanté les bienfaits, comme si j'avais fait mes études dans les écuries – en Maurienne on ne dit pas « étable » –, au cul des vaches.

Mais la situation la plus difficile à vivre est l'absence de communication, qu'elle soit volontaire ou non, associée au sentiment d'échec annoncé.

Une de mes patientes incarne tout cela à la fois. Elle est sourde comme un pot, psychiatrique à souhait, et je serais capable de la reconnaître même dans le noir car il n'est pas un instant où elle ne cesse de répéter « Chuis foutue », même quand je l'examine et la questionne.

« Vous allez bien aux toilettes régulièrement ? Vous avez bon appétit ?

– Oui, docteur, chuis foutue, tous les jours, chuis foutue, et je prends bien mon manger, chuis foutue. »

Qu'elle se promène dans la rue, qu'elle fasse ses commissions ou qu'elle se trouve dans la salle d'attente, la litanie est la même : « Chuis foutue ». Après les premiers sourires en coin des touristes présents qui ne la connaissent pas encore, elle vous glace l'ambiance en quelques secondes, et personne ne proteste quand je propose de la faire passer en priorité.

Je dois avouer que la consultation et la rédaction de l'ordonnance ne s'éternisent pas, tant ses « chuis foutue » me sont insupportables.

J'ai eu un jour l'occasion de vérifier qu'elle était encore plus tordue que je ne le pensais. Alors que je passais au cabinet récupérer des effets personnels avant de partir en congé, j'ai entendu à travers la porte de mon bureau que ma remplaçante examinait madame « Chuis foutue ». Par un grand mystère, elle s'était transformée pour l'occasion en madame « J'en peux plus » ! Ce qui est déjà un progrès ?

Un petit pot de miel

En cet hiver 1947, il neige abondamment sur Bonneval et depuis le début de cette nuit-là le vent a redoublé de fureur, empêchant le médecin de monter plus loin que le col de la Madeleine, à une dizaine de kilomètres en aval.

Pourtant, il va bien falloir trouver un moyen de prendre en charge cette jeune femme avant que sa fausse couche ne l'emporte, faute de soins.

La route est impraticable et le risque d'avalanche maximum, mais il n'est pas concevable de ne rien tenter.

Il a fallu une bonne heure, plus pour se préparer que pour se décider, et déjà on installe la malheureuse dans le traîneau, emmitouflée dans les lourdes couvertures de coton bouilli. Chacun est concentré sur la tâche qui lui a été attribuée et prêt à braver les éléments.

Les hommes se relaient par deux pour tracter le traîneau, tandis que les autres leur ouvrent le chemin, chacun distant d'une cinquantaine de mètres, pour que si une coulée survenait, elle en emporte le moins possible.

Personne ne parle, autant pour économiser son souffle que pour garder tous ses sens en éveil et maîtriser sa peur.

Au petit matin, alors que la tempête se calme enfin, le relais est passé au médecin qui a dormi tant bien que mal, recroquevillé sur la banquette arrière de sa voiture, prêt à prodiguer les premiers soins avant de descendre lui-même sa patiente à l'hôpital de Saint-Jean-de-Maurienne, à soixante-dix kilomètres du col.

S'il me raconte cette histoire, cinquante-cinq ans plus tard, c'est parce qu'il vient de se casser le bassin en tombant dans son étable et que sa seule crainte est de devoir être transporté à son tour dans les rues de son village, dans un traîneau presque identique, sous le regard des touristes, situation ô combien humiliante pour un vieux du pays. Par chance pour lui, l'ambulance parvient jusqu'à sa porte, malgré l'épaisseur de neige compacte qui rehausse encore le niveau de la chaussée, normalement interdite aux voitures.

Quelques années plus tôt, il avait manqué se rompre le cou en tombant d'une échelle, sous le regard bienveillant mais discrètement réprobateur d'un Christ en croix dont il était en train de repeindre la colombe dorée, symbole de l'Esprit Saint, sous la voûte blanchie à la chaux de la petite église du village. Il avait dû faire un malaise et s'était finalement retrouvé debout, face à l'autel, sans réaliser ce qui venait de se passer, avec deux vertèbres cervicales brisées, simplement heureux d'être vivant et reconnaissant à l'ange qui l'avait protégé et aidé à se relever.

Et pour me remercier de l'avoir pris une nouvelle fois en charge, il m'offre un petit pot de miel de ses abeilles, quintessence sublime du pollen des fleurs butinées en montagne et témoignage raffiné d'une gentillesse sans défaut.

Sang commentaire

Une petite cour entre deux maisons basses aux toits de lauzes, une neige compacte qui n'accroche pas aux semelles et chante sous les pas, signe d'une température d'environ vingt degrés en dessous de zéro. Un sillon creusé dans le blanc lumineux par des mains rompues au maniement de la pelle et de la fourche, aux morsures du vent et du froid, des mains pour le travail des champs et la batte du lavoir, des mains de quatre-vingt-quatorze ans.

Une première porte sous un porche bas – attention à la tête ! –, un petit couloir en pente descendante avant une deuxième porte, une marche dans la pénombre accentuée par l'éblouissement du dehors – attention aux chevilles ! –, un nouveau sas et une troisième porte avec une poignée que les chats savent actionner en l'accrochant de leurs pattes avant, d'un bond d'un seul.

Dans la pièce à vivre, la chaleur forte du poêle, mêlée à l'odeur des animaux – les quelques poules et l'unique vache sont juste derrière la cloison en bois – embue aussitôt mes lunettes. La lumière qui arrive de l'extérieur par une fenêtre haute éclaire suffisamment pour que je la distingue, assise sur son banc devant son lit-placard, le visage fendu d'un sourire à la fois moqueur et malicieux, ses yeux grossis par deux véritables loupes. Elle, c'est la fameuse Maïe, dotée d'une langue bien pendue.

Je procède à l'examen médical selon un rituel bien établi, en glissant le stéthoscope ou les mains là où les couches de tissu superposées du costume traditionnel autorisent un passage. Sous la carapace d'étoffes noires, je sens une peau mince mais résistante et des os qui tiennent vaillamment leur rôle de charpente, même si les muscles ne semblent plus être que des tendons.

Pendant ce temps, ses demandes fusent, et pas question de biaiser ou de répondre de travers. Les résultats de ses examens biologiques sont épluchés et commentés en détail.

Le deuxième temps de la visite n'est pas le moins important : on boit le jus de cheminée et on discute. Je sors deux bols en porcelaine fine, les petites cuillères rangées dans un verre, la boîte à sucres des années cinquante avec une publicité pour les galettes Saint Michel, pendant qu'elle apporte sur la table une casserole d'eau bouillante qui menace de verser.

Son verbe est vif, précis, acéré quand elle parle de politique ou de tout ce qu'elle sait sur chaque personne du village, non sans humour. Elle dit n'être plus qu'un « vieux catarrhe », mais elle a une vision moderne et fraîche des choses, et ne connaît pas la langue de bois.

Elle sait aussi rire d'elle-même, en particulier ce jour où elle m'a téléphoné pour m'annoncer son décès :

« Allô, c'est bien le docteur ?

– Oui, c'est moi, je vous écoute, Maïe (j'ai tout de suite reconnu sa voix).

– Je vous appelle pour vous dire que je suis morte.

– Ah bon ! Vous me semblez pourtant bien vivante. Expliquez-moi un peu.

– Je viens de recevoir le papier de la prise de sang pour mon taux de prothrombine. C'est marqué que j'ai le zéro pour cent, alors je me suis pensé : ma fille, tu n'as plus de sang, donc tu es morte. Mais avant de faire ce qu'il faut pour mes affaires, je me suis dit, tu vas d'abord appeler le docteur… »

Le tube qui contenait son prélèvement sanguin s'était cassé pendant le transport et le laboratoire avait envoyé un compte rendu d'analyses avec un taux à 0 %, par défaut.

Avant que je reparte, elle ne manque jamais de glisser dans ma sacoche une douzaine d'œufs ou de la confiture de rhubarbe, toujours bien emballées dans du papier journal, parce que « ça ne regarde pas les voisins ».

Faux départ

C'est une nonagénaire discrète et gentille, peu encline à faire appel à mes services, vivant dans la mémoire de son mari décédé depuis quelques années. D'ailleurs, ce n'est pas elle qui m'appelle aujourd'hui, mais sa fille, inquiète de petits malaises brefs mais répétitifs.

Quand je passe la voir chez elle dans l'après-midi, je comprends immédiatement qu'elle attendait une visite, mais pas la mienne.

Je la découvre allongée sur son lit, calme et souriante, revêtue de son costume traditionnel noir, chaussures assorties aux pieds, les mains jointes sur la poitrine, étreignant un chapelet en perles de nacre. Les volets de la fenêtre qui surplombe sa couche ont été partiellement rabattus et deux chandeliers attendent d'être allumés sur le rebord interne de l'huis.

Mon premier réflexe est de vérifier son pouls carotidien et sa respiration, tout en lui parlant pour avoir une idée de son niveau de conscience. Un petit « Bonjour monsieur le docteur » laisse à penser qu'elle est en vie, mais pendant quelques secondes interminables, mes doigts appuyés sur son cou décharné ne perçoivent aucune pulsation.

C'est comme si son cœur s'arrêtait, repartait, puis s'arrêtait à nouveau, et ainsi de suite, dans un rythme de marche funèbre, à trente-cinq battements par minute, presque plus lent que celui de cyclistes, fondeurs ou marathoniens de haut niveau.

L'électrocardiogramme confirme cette bradycardie d'anthologie, et à part une tension artérielle d'anorexique, le reste de l'examen est normal. L'idéal serait de l'hospitaliser, éventuellement pour la pose d'un pacemaker, mais il lui reste suffisamment d'énergie et de caractère pour me faire comprendre que si elle veut bien prendre mes « drogues » pour fortifier le cœur, elle n'acceptera rien d'autre. En plus, elle ne supporte pas la voiture, et encore moins l'idée d'un trajet en ambulance.

Quelques semaines plus tard, elle a repris du poil de la bête, en tout cas assez pour mettre le nez dehors et s'offrir une chute spectaculaire, avec plaies multiples au visage et sur le cuir chevelu.

La gravité des lésions m'oblige à l'envoyer à l'hôpital où le cardiologue va en profiter pour lui placer une pile.

Elle vivra ainsi un certain temps, en se plaignant souvent de palpitations, trop habituée qu'elle était à son *tempo largo*.

Mais jusqu'au bout, elle gardera à portée de main, repassée et amidonnée, sa tenue de fête qu'elle pouvait se vanter d'avoir revêtue avant l'heure.

Rythme and blues

Il s'est refermé un peu plus le jour où il a appris que sa femme était atteinte d'une maladie incurable. Massif, rugueux, autoritaire, peu communicant, en l'espace d'une journée, il s'est considéré comme en deuil, prostré et furieux à la fois. En véritable régression infantile, il a renoncé à toute initiative et participation aux affaires de la maison.

Son épouse, âgée, comme lui, a, au contraire, redoublé de gentillesse, de courage et de volonté, taisant sa douleur et prenant sous son aile protectrice celui qui ne la regardait même plus.

Leur fils cadet, qui vivait sous leur toit, a géré comme il a pu, avec douceur et inquiétude, et par résignation autant que par dévouement, les soucis pratiques dus à la maladie.

La mère, comme on dit encore ici, a tenu debout jusqu'à la limite de ses forces, avant de lâcher prise d'un seul coup par un beau dimanche de printemps, laissant un fils effondré et un mari indifférent, parti depuis déjà longtemps dans les limbes d'une pensée inaccessible.

Quand je vais lui rendre visite pour le renouvellement de son traitement, il ne me regarde pas, ne répond pas à mes questions, mais consent à être examiné. Il fait de longues siestes pendant la journée, se lève souvent en pleine nuit pour aller couper du bois dans la grange, et se laisse nourrir comme un bébé.

Seules la lecture du *Dauphiné libéré* et la retransmission du Tour de France à la télévision le tirent un peu de sa torpeur.

Son fils me fait venir un après-midi car il lui semble que son père n'a pas bougé ni ouvert les yeux depuis la veille au soir. Je le trouve affalé sur son lit, les couvertures jetées sur le sol, le teint cireux, la bouche grande ouverte et les yeux ne fixant que le vide, immobile, froid et lourd comme un animal marin rejeté sur le rivage. Impossible de prendre son pouls. Ses pupilles sont fixes, sa respiration quasiment imperceptible. Aucune sollicitation, même douloureuse, n'entraîne de réaction de sa part, aucun réflexe n'est manifeste, comme dans un coma profond.

La position du patient et sa corpulence m'empêchent de glisser mon stéthoscope là où je pourrais mendier un petit souffle de vie, un râle, ou l'écho d'un battement. Je ne peux même pas dire si le métronome s'est réellement arrêté. J'ai plutôt la sensation qu'il joue une partition en soupirs, demi-soupirs et silences, sans être encore arrivé au point d'orgue.

Mais alors que je quitte la pièce pour aller chercher ma valise de réanimation, j'entends le gémissement d'un sommier à ressorts que l'on torture… Revenant aussitôt sur mes pas, j'ai la surprise et le soulagement de voir que mon patriarche a décidé de ressusciter pour soulager sa vessie dans son seau hygiénique !

Il est assis au bord de son lit, sans un regard pour l'intrus que je suis, et lance à son fils, d'une voix d'outre-tombe : « J'ai faim ! »

Il me refera le coup plusieurs fois, jusqu'à moucher la chandelle pour de bon, et je ne saurai jamais réellement s'il s'agissait d'épisodes de catatonie ou d'une forme particulièrement énervante d'opposition psychiatrique.

Laissez là toute espérance

Ses appels surviennent presque systématiquement quand que je suis débordé, au milieu d'une suture ou d'un examen gynécologique, pendant une consultation psychiatrique ou l'annonce d'une mauvaise nouvelle, ou au moment où je vais fermer le cabinet, voire en dehors des horaires d'ouverture. Chacun d'eux est une frustration partagée. Après quelques mots seulement, sans qu'il ait eu le temps de m'expliquer quoi que ce soit, son débit se bloque, les mots ne viennent plus, il s'énerve, perd pied, pleure et raccroche.

Même quand je lui pose une question simple, il ne parvient qu'à bafouiller « Je ne sais plus, je ne sais plus… », avant de couper court. Si je rappelle, il ne décroche pas.

Et quand, faute d'explications ou par précaution, je descends le voir chez lui, c'est à chaque fois la même épreuve. Je frappe à la porte vitrée derrière laquelle m'attend son vieux chat noir et obèse. Je le devine, lui, somnolant dans son fauteuil bas recouvert de laine écrue. Il sursaute au premier miaulement de son cerbère, se lève d'un coup et vient m'ouvrir à petits pas rapides, avec son air tourmenté habituel. Je l'examine, lui pose des questions auxquelles il répond vaguement, demande à voir ses prescriptions. Il ne faut pas longtemps pour que son minuteur sonne. Toutes affaires cessantes, il se précipite vers son pilulier, au comble de l'angoisse et de l'excitation, gobe son comprimé, puis se jette en arrière sur la chaise la plus proche, battant des mains sur ses genoux, tapant des pieds sur le sol, oscillant de la tête. Incapable de s'exprimer, le visage de cire, il pleure comme un gosse. Ses sourcils en bataille ombrent le regard d'une personne qui se noie.

Je connais son intelligence, sa culture, la noirceur de son humour et de son esprit. Je sais la maladie qui le fige progressivement et l'entraîne sans répit vers l'abîme. J'ai pris ma part de sa colère intérieure, sa misanthropie viscérale. Il est rongé par le remords de n'avoir pas vu que sa femme était en fin de vie, et par la souffrance intarissable de son absence.

Il me fait penser aux damnés de la *Divine Comédie* de Dante illustrée par Gustave Doré. Prisonnier de sa maladie, dans une cage qui se réduit jour après jour, il a fait fuir tous ses amis et voisins à force d'orgueil, de mauvaise humeur et d'isolement volontaire.

Ses journées sont des successions de petits pas serrés, incontrôlables, à la limite de la chute, rythmées par la prise des médicaments toutes les quatre-vingt-dix minutes, avec des phases de blocage ou d'excitation. Lors de sa visite quotidienne au cimetière, curieusement, son pas se délie. Il n'en évite pas moins de croiser qui que ce soit, et si, malencontreusement, un impudent tente d'échanger quelques mots, il le rembarre hargneusement. Été comme hiver, dedans comme dehors, il se déplace en short et chaussures de montagne, incapable d'enfiler seul un pantalon, et refusant toute aide, pour cela comme pour tout le reste.

Ses nuits le terrifient et lui gâchent ses journées, entrecoupées qu'elles sont de cauchemars et d'hallucinations, la crainte de se rendormir le disputant à la hantise de rester éveillé, en proie à ses démons.

Il ne supporte ni la solitude ni le contact avec autrui, et toute décision lui est impossible puisque sa perspective de l'avenir ne dépasse pas quelques minutes et que le présent est tout entier dévolu au ressassement.

Il redoute plus que tout une éventuelle modification de son traitement.

Je sais que sa vie est un supplice de chaque instant, que sa prison est autant physique que psychique. Chaque visite nous laisse impuissants et malheureux, lui de son côté et moi du mien, séparés par une barrière infranchissable.

Aujourd'hui pourtant, j'ai décidé de l'aborder comme un nouveau patient, sans enjeu médical particulier, sans idées préconçues, sans attente ni défi. Il ne m'a pas demandé de venir et je ne l'ai pas averti de ma visite.

Je le trouve debout derrière sa baie vitrée, calme. Il fait glisser la porte sur son rail pour me permettre d'entrer, comme il l'aurait fait pour son chat, sans me regarder vraiment ni m'ignorer non plus. Je vais directement m'installer à la grande table du séjour, tire ma chaise et lui en présente une autre, juste à côté de moi, tout en posant mon cartable au sol, sans l'ouvrir.

Puis je me tais et j'écoute.

Pas de crise, ni piétinement, ni affolement ni pleurs, mais une conversation simple, comme entre deux personnes qui se rencontreraient dans un train et discuteraient le temps du voyage.

Pas de plainte, pas de traitement, pas de feuille de soins, pas de conseils ni de contrat moral implicite, juste un instant allégé des tortures habituelles.

Peut-être le début d'autre chose, peut-être simplement une accalmie entre deux tempêtes. Peu importe, ce n'est déjà pas si mal.

3e partie

DANS L'ORDRE DES CHOSES

Je connais bien ce garçon de huit ans à la fois introverti et roublard. Il présente depuis la veille au soir une forte fièvre et ne peut rien avaler. Ses parents ont préféré appeler le médecin, même s'ils ne sont pas réellement inquiets. Ils ont l'habitude de gérer les problèmes de leurs nombreux enfants et ont confiance en leur médecin traitant. Celui-ci est vraiment leur médecin de famille, au sens noble du terme. On peut l'appeler de jour comme de nuit, il a toujours un diagnostic juste et sait rassurer par sa simple présence, avec un mélange de certitude tranquille et de bonté discrète.

Il a une façon d'examiner, à l'ancienne, qui ferait ricaner bon nombre de ses confrères, mais qui témoigne d'un sens inestimable du contact et de l'empathie.

Comme à chaque fois, il demande un mouchoir et une grande cuiller, avant d'interroger le petit bonhomme tout fier d'être malade. Puis il place sa grosse tête chaude sur la poitrine brûlante de l'enfant, l'oreille collée contre le mouchoir, pour écouter « à cru », sans l'aide du stéthoscope. Le manche de la cuiller sert d'abaisse-langue et révèle une superbe angine rouge avec des dépôts blanchâtres, dite « angine de Vincent », dénomination qui réjouit le jeune patient et le guérit presque déjà.

Du fond de son lit, le petit se dit que le métier du bonheur existe. Il pensera souvent, lorsqu'il s'occupera à son tour de petits garçons, à la chance qu'il a eue de rencontrer cet homme juste et bon qui s'appelait pourtant le docteur Petit.

Reconnaissance

C'est une salle de classe banale, au deuxième étage de la cour du lycée Champollion à Grenoble, cubique, un peu grise, avec des odeurs de poussière ancienne, de craie, d'éponge humide. Je revois mon bureau de bois verni clair tout tailladé de mémoires tronquées, ma chaise aux pieds tubulaires vert d'eau, les pupitres semblables au mien, mais je ne retrouve pas le visage des autres élèves ni celui de mon professeur de français. Je le vois lui, simple, discret, incongru en ce lieu, habillé comme une personne du dehors, du monde de ceux qui ont choisi et trouvé leur place.

Il est venu nous parler de son métier. Il dit son vécu de médecin de famille, les joies et les épreuves de son quotidien, et c'est comme s'il plaçait devant chacun de nous une tranche de vie toute fraîche, bien présentée, appétissante, nous invitant à y goûter.

J'ai la sensation limpide de découvrir l'ange de *L'Annonce faite à Marie*, les ailes repliées sous le pull tricoté gris, son auréole bien rangée dans sa sacoche de visite, irradiant une luminosité paisible.

Effacés les plans rassurants, les certitudes tranquilles, les routes bien droites.

L'évidence qui m'était apparue quand j'étais enfant, est revenue après avoir manqué se perdre dans des voies étroites ou sans issue.

Le temps d'enfiler une blouse et je suis prêt !

Passage de relais

Dans une vaste salle au plafond haut, aux lustres de cristal, aux boiseries dorées et au parquet bien ciré, une cinquantaine de sièges Louis XV ont été disposées en rangées régulières de chaque côté d'une allée centrale qui conduit à un petit bureau et une chaise en bois, au pied d'une estrade sur laquelle trônent les quatre fauteuils et la table du jury.

Pour l'occasion, j'ai fait un passage chez le coiffeur, coupe « fils de bonne famille » et moustache taillée à la règle.

Dans une petite pièce attenante, j'ai enfilé la robe noire avec l'épitoge en hermine blanche, vêtement de circonstance que beaucoup ont porté avant moi et que quelques épingles ont adapté à ma morphologie le temps de la cérémonie.

Je me retrouve assis au petit bureau d'étudiant sur lequel on a placé un portrait encadré d'Hippocrate et le texte de son serment.

Curieusement, je n'éprouve aucune anxiété, à l'inverse des personnes rassemblées pour la circonstance et dont je sens le trac derrière mon dos.

De mes frères et sœurs, Nicolas est le seul représentant et, du haut d'un paradis qu'elle rejoindra bientôt, ma mère doit s'inquiéter pour moi.

Mon père n'a pas osé venir, trop émotif pour supporter de me voir affronter ce qu'il prend pour un examen de passage. Deux de mes cousins sont présents, au milieu de nombreux amis et collègues de la faculté de médecine.

Tout le monde se lève à l'entrée des membres du jury, pareils à des magistrats dans leurs grandes robes rouge et noir, tout empreints de solennité et d'apparente froideur.

Ils sont mes patrons, professeurs de médecine en neurologie, ophtalmologie, réanimation, et pour le quatrième, mon directeur de thèse, médecin neurologue. C'est lui qui a encadré mon travail sur une pathologie rare et mal cernée, le syndrome de Miller-Fisher, dont j'ai pu étudier trois cas récents au centre hospitalier universitaire de Grenoble. Une curieuse pathologie qui touche la mobilité des yeux, la coordination des mouvements et les réflexes ostéotendineux, guérissant spontanément après quelques semaines et laissant peu ou pas de séquelles. Son évolution sympathique nous laisse perplexes quant à ses causes et ses mécanismes; c'est ce que j'appelle un syndrome «pied de nez».

La soutenance est plus une formalité qu'une véritable épreuve: théoriquement, je ne suis même pas tenu de répondre aux questions, mon directeur de thèse étant supposé le faire. Tout se passe au mieux, dans un climat de complicité confraternelle.

Comme dans un tribunal, le jury quitte bientôt la salle pour délibérer. Après quelques minutes, mes quatre juges reviennent. L'assemblée se lève à nouveau pour écouter leur verdict; je le trouve généreux et sans rapport avec la modestie de ma recherche. Je prends cette largesse comme une reconnaissance essentiellement humaine qui me touche au plus haut point. Puis vient enfin le moment de prêter serment devant mes pairs, ma famille, mes amis et l'effigie d'Hippocrate.

En prononçant à mon tour ces paroles fameuses, je savoure chaque seconde de ce moment unique et tant attendu.

Je revois les dix années de jeunesse librement sacrifiées pour relever cet intime défi, sans assurance de réussite mais avec la conviction de m'être engagé sur le bon chemin.

Je revois le parcours du combattant que constituent les examens, les interminables soirées de révision, seul ou avec mon fidèle ami Éric (devenu médecin légiste auprès de la Cour internationale de justice de La Haye et spécialiste des exactions perpétrées pendant la guerre du Kosovo), la peur au ventre au moment des résultats, les faux pas et les coups bas.

J'ai à l'esprit le soutien pudique et affectueux de mon père dans les périodes difficiles, son inquiétude camouflée et sa fierté mal dissimulée alors que je touche au but.

J'ai à l'esprit tout l'amour et l'énergie que ma mère m'a transmis et qui m'ont permis de me lancer dans cette aventure. Je pense intensément à elle que la maladie a terrassée au moment le plus ingrat de mes études.

Je pense à mes premiers stages hospitaliers, à mes premiers malades, à ces moments bénis où j'ai compris que mon choix tardif – jusqu'en terminale, je pensais faire des études de droit – était le bon.

L'enfant que j'étais jusqu'à cette minute vient de me lâcher la main, sans regret ni crainte.

J'oublie aussi dans l'instant ceux qui ont tenté de me décourager ou de me mettre des bâtons dans les roues, tel ce chirurgien et anatomiste renommé qui, voulant m'humilier devant mes collègues de faculté en déclarant que je ne serais jamais médecin puisque mon père ne l'était pas, n'a fait qu'attiser ma détermination.

J'éprouve une grande reconnaissance envers ceux qui, d'une façon ou d'une autre, et souvent sans le savoir, m'ont transmis leur force et donné leur confiance quand j'en avais besoin. Le mot ou le geste juste au juste moment.

Les premières fois

La première fois que j'ai mis les pieds, ou plutôt la tête, dans un hôpital, c'est mon subconscient qui s'en souvient.

Alors que je suis encore installé bien au chaud, mon jumeau a déjà pris le chemin de la sortie, emportant avec lui l'eau du bain. Je vais avoir une vingtaine de minutes de retard. Puis, maman pousse une dernière fois, malgré la fatigue, et les mains de la sage-femme m'extirpent de mon nid. Je gueule un bon coup, pour la forme et pour qu'on ne me lâche pas. Maman a l'air contente, en revanche, pas de papa. À la huitième naissance, il doit être blasé.

J'apprendrai bien plus tard que les nourrissons l'intimident, et qu'avec son esprit pragmatique il a préféré prendre les devants. Quand il arrive enfin, il est ravi : il vient de commander la nouvelle Citroën traction avant, dite familiale, avec les deux rangées de sièges habituelles, plus une de strapontins.

***

« Tendez bien la peau, respirez calmement et piquez franchement dans le quadrant supéro-externe de la fesse. » J'ai les mains moites, la sueur au front, la fesse du collègue est trop contractée, mais mon geste est précis, rapide, efficace. « Même pas mal ! »

À mon tour de servir de cobaye !

***

Premier stage d'externat et premier jour en service de réanimation médicale. Des chambres hypermédicalisées, aux parois de verre, donnent sur un box central destiné aux médecins et infirmières. Beaucoup de personnel très qualifié, des blouses de couleurs différentes pour signifier une hiérarchie bien cloisonnée, beaucoup de remue-ménage et de bruit, pas mal de remue-méninges et de stress aussi. Des odeurs diverses, des tuyaux et des bips partout, des consignes d'hygiène drastiques. Pas ou peu de place pour les familles. Le petit espace restant est occupé par les patients eux-mêmes, en général peu bavards.

Monsieur B., dont je me rappelle encore le nom et le visage, m'attend dans son lit pour son soin quotidien, en position semi-assise, immobile, les yeux fixes, impassible et muet.

J'ai revêtu mon pantalon et mon sarrau de chirurgien en grosse toile verte, les couvre-chaussures en non-tissé bleu, la charlotte ridicule assortie, le masque blanc, sous l'œil inquisiteur et condescendant de l'infirmière. Je me suis lavé les mains, brossé longuement les ongles à la Bétadine, avant d'enfiler les gants chirurgicaux dans les règles de l'art. Le chariot métallique, avec sa batterie d'instruments stériles ainsi que le champ opératoire, a été placé à gauche du lit, la cuvette à roulettes en inox pour les déchets est posée au sol.

Sous la lumière blanche du scialytique, en dessous des pansements superposés, je découvre, telle une pizza surréaliste, le ventre grand ouvert de mon patient récemment opéré d'une péritonite, non « refermé » donc, et qu'il faut nettoyer chaque jour.

Cette situation médicale qui échappe à la logique courante me laisse encore subjugué. Je me concentre de mon mieux sur l'aspect technique de mon travail tout en surveillant avec anxiété les réactions du propriétaire de l'abdomen béant. Pour empêcher mon imagination de divaguer, je m'oblige à parler durant toute la durée du soin, d'une voix que je veux calme, pour me rassurer moi-même autant que le patient.

La dernière compresse en place, sans attendre de retirer mes gants, je demande à l'intéressé si tout va bien, si je ne lui ai pas fait trop mal…

Il reste un instant silencieux, puis esquisse un sourire : « Le jour où vous demanderez votre femme en mariage, parlez plus lentement que vous venez de le faire avec moi. Vous allez bien trop vite pour que l'on puisse vous comprendre. »

Première leçon de communication médicale, bon pour acquit.

***

Petite respiration rapide, un coup de brumisateur sur le visage, fébrilité de l'attente. « Ne respirez plus, poussez, poussez maintenant, poussez plus fort, allez-y encore, je vois la tête ! » Une masse gluante, glissante, puis hurlante… Le visage congestionné de la mère… Les larmes me montent aux yeux.

« Vous êtes le père ?

– Non, je suis l'externe. »

***

Fin d'après-midi, encore quelques personnes à recevoir. J'ai la tête ailleurs, une sensation d'oppression au creux du ventre. Je ne suis pas vraiment inquiet, plutôt dubitatif, sceptique même.

Le dernier patient parti, je traîne près du téléphone, rangeant une énième fois des papiers déjà parfaitement en ordre.

Avant la fin de la première sonnerie, j'ai déjà décroché le combiné : « Oui, je vous écoute. Béta-hCG positives, à combien ? Merci bien, bonsoir. »

Je repose le combiné sur le bureau à côté de sa base, me cale au fond du fauteuil et laisse monter en moi une vague de chaleur.

Quelques secondes de temps arrêté, avant de pouvoir appeler Mireille.

Je suis papa !

***

C'est la dernière fois que je peux la voir.

Elle est allongée dans une chambre isolée et triste à mourir. C'est d'ailleurs ce qu'elle a fait, c'était prévu comme ça.

Je la contemple sans la reconnaître vraiment, partie mais pas reposée, du sang noir séché sur les lèvres. On m'a laissé entrer mais je n'étais pas prêt, je ne le serai jamais. Je me sens à l'étroit dans ma peau d'ex-adolescent pas encore adulte. Je voudrais être à la fois loin de cet endroit qui lui est si étranger et tout près d'elle pour lui dire ce que je n'ai pas été capable d'exprimer. Je voudrais pouvoir l'engueuler et l'envoyer sur les roses, comme un ado, puis me réconcilier avec elle. J'aurais aimé partager avec elle mes premières fois, celles d'hier comme celles de ma vie à venir : ma future femme, nos enfants certainement, mon métier, mes épreuves, toutes les belles choses qui ne peuvent pas mourir. Je suis soulagé de savoir qu'elle échappera à la disparition de son mari et de ses enfants. Le temps ne signifie plus grand-chose à présent.

Lui dire que je l'aime comme la mère qu'elle restera, comme l'enfant, la femme, la malade qu'elle a été. Lui dire qu'elle n'est pas la personne que mes yeux me montrent en cet instant.

D'un 1er juillet à l'autre

Tu as un peu le trac et la nuit a été courte. Tu attendais ce moment depuis longtemps, tu l'avais rêvé, préparé, et maintenant tu sais que l'aventure commence vraiment. Tu as mis pour l'occasion une chemise blanche à manches courtes et un pantalon en toile claire, lissé ta moustache et discipliné tes cheveux vers l'arrière. Tu as fait plusieurs fois le tour des locaux pour vérifier que tout était en place, les chaises métalliques rouges disposées en cercle sur le gazon synthétique de la salle d'attente, les reproductions d'aquarelles familiales accrochées sur les murs de crépi jaune, le tapis en coco dans le couloir de l'entrée. Dans ton bureau, le linoléum vert bouteille, le papier peint gaufré blanc et le plafond de lattes métalliques noires viennent juste d'être posés, les sièges destinés aux patients, laqués et cannés, sont en place. Tu t'es choisi un beau fauteuil « direction », mais le bureau commandé n'est pas arrivé, remplacé au pied levé par un plateau d'aggloméré peint à la hâte et posé sur deux tréteaux métalliques. Les ordonnances sont restées en rade chez l'imprimeur, tu vas devoir te contenter d'un bloc de papier à lettres et de ton tampon professionnel, des feuilles de soins et du gros Vidal rouge tout neuf, cru 1982, posé à main gauche, à côté du sous-main en cuir rapporté d'un voyage au Niger.

Tout est en place dans la salle radio, le générateur tripode bien vissé au sol, la longue et haute table roulante, les trois bacs en bakélite noire (révélateur, fixateur et rinçage) et les cadres métalliques à griffes pour le développement des films argentiques dans le petit local dédié, la table semi-circulaire rabattable et les deux tabourets en bois, le coin évier et le meuble blanc pour le matériel de traumatologie.

À l'extérieur du cabinet, l'escalier n'est pas encore construit et l'on descend depuis la route par une sente en terre battue. La plaque en métal brossé avec tes nom, prénom, titres, spécialités et horaires a été vissée à droite de la porte d'entrée en bois sombre et verre sablé.

Ta 4L bleu clair, avec son plancher percé sous le tapis de sol usé, attend sagement sur l'emplacement réservé au médecin, le caducée fraîchement positionné derrière le pare-brise, la valise d'urgence en métal rouge dans le coffre.

Tu vis seul, tes frères et sœurs sont loin, et tu devines que ton père, ému à ce moment précis, est seul lui aussi dans le grand appartement où tu as passé les dernières années en sa compagnie.

Et pourtant, tu es serein, pleinement heureux, la tête remplie de projets, de plain-pied dans ce métier que tu as désiré et qui t'a demandé les plus belles années de ta jeunesse, dans cette région que tu as choisie et que tu pressens comme tienne.

Tu as tout à créer, à découvrir, à donner, à recevoir.

Tu peux enfin mettre à disposition toutes les connaissances accumulées, pratiquer la médecine telle que tu la conçois, apprivoiser, prendre le temps, faire connaissance avec autrui et avec toi-même.

Ton premier patient vient d'arriver, je te laisse.

***

Ces trois dernières semaines ont été particulièrement riches en travail et en émotions. J'ai fait le choix de les vivre pleinement, jusqu'au bout, par fierté, par amour de mon métier et de mes patients, pour laisser un outil de travail propre et vivant.

Comme à mes débuts, je me retrouve seul au cabinet. À ma demande, mes associés et secrétaires en ont profité pour prendre leurs vacances de printemps.

J'ai débordé largement sur les horaires que ma santé m'autorise, commençant encore plus tôt qu'à l'habitude et finissant tard dans l'après-midi. L'envie de faire encore mieux, de rassurer les patients sur l'avenir du cabinet, leur redire mon affection, mon attachement. Jouir de chaque instant, jusqu'au clap de fin.

Avec l'énergie sereine de mes débuts et la conscience d'être au maximum de mes connaissances, j'ai enfin accepté de passer la main.

J'ai commencé à débarrasser mes affaires personnelles, décroché quelques cadres, retiré les faire-part de naissance du petit meuble noir, trié mes documents, rangé quelques bouquins préhistoriques datant du temps de mes études, jeté quantité de choses inutiles, périmées. J'ai quand même laissé le minimum pour ne pas perturber mes tout derniers patients, pour ne pas tout effacer d'un seul coup. Sous la plaque de verre qui me sert d'écritoire, restent encore des cartes postales de mes voyages et *La Blouse roumaine* de Matisse, cadeau de mon frère jumeau. Toujours sur ma gauche, l'imposant Vidal 2017, que je préfère encore dans sa forme papier. Sur ma droite, un pot en grès alsacien rempli de stylos et de crayons masque aux yeux des patients les lecteurs de carte Vitale et de carte bancaire, les deux disques durs externes et les ports USB.

Je repasserai plus tard, pour saluer mes collègues et prendre ce qui doit l'être encore. J'essayerai de réaliser qu'une page s'est tournée, sans retour, pour de vrai, comme disent les enfants.

Mon ultime patiente vient de quitter le cabinet, sans savoir qu'elle a été la dernière, et sans que j'aie cru bon de le lui dire.

Pour m'occuper l'esprit, je m'autorise un petit tour du propriétaire en guise de vérification et d'adieu. Les bureaux, vert pour le premier, rose pour le second, de mes deux associés et successeurs, la salle de détente bleu Provence avec ses parfums souvenirs de thé vert, de café, de repas sur le pouce entre deux blessés, le secrétariat, aujourd'hui en pause, avec son ordinateur éteint et ses meubles blancs. Je passe dans la salle des archives et sauvegarde les données de la journée sur l'unité centrale. Contrôle rapide du matériel en stock, coup d'œil philosophique sur les deux colonnades porteuses de trente-cinq années d'archives papier poussiéreuses, l'équivalent de la petite clé USB que je viens de mettre à jour en quelques minutes.

Dans la grande salle d'attente vert d'eau, le soleil traverse les persiennes blanches, jouant avec les chaises colorées et les affiches disposées sur les claies horizontales de bois sombre.

Vérification traditionnelle des toilettes des patients pour être sûr de n'oublier personne. Dans l'entrée de la partie traumatologie, les brancards sont garés en épi et les sandales multicolores rangées dans les grandes étagères qui leur sont dédiées.

J'ai éteint le numériseur et le générateur de la salle radio, remis un peu d'ordre, récupéré mon cartable, le volumineux sac à dos de correspondant SAMU et le moniteur compact. J'ai mon blouson sur le dos, ma casquette sur la tête et mes clés dans la main. Là, il faut que je sorte pour de bon, c'est le moment, il ne me reste qu'à brancher l'alarme. Après tout, c'est encore une journée comme une autre et, avec un peu de chance, il y aura une urgence d'ici ce soir, si ce n'est qu'en fin d'après-midi est prévu un pot de départ organisé par la commune et il risque d'y avoir pas mal de monde.

Encore sur mon petit nuage en ce samedi 1er juillet, je repasse en boucle la soirée mémorable, toutes les personnes rassemblées, les preuves d'affection, de gentillesse et d'émotion partagées en ce moment infiniment précieux, passage joyeux vers une autre étape de vie. Tout le contraire d'une fuite, d'un abandon, d'une fin, d'un recul, d'une retraite en somme.

J'ai attendu l'après-midi pour passer au cabinet, en espérant presque le retrouver tel que je l'avais quitté la veille. Je le découvre la porte grande ouverte, en plein emménagement, du matériel dans les couloirs, mes collègues à la tâche. Ils sont trois médecins, deux autres doivent arriver à l'automne.

Je ne suis plus chez moi.

Une salutation rapide aux collègues, je récupère mon courrier, je m'éclipse.

J'ai fermé derrière moi la porte du cabinet. Je voulais être seul, sans autre témoin que la mémoire de mon père et de ma mère dont je m'autorise à ressentir la présence en ce moment particulier.

La rouille m'oppose une discrète résistance quand je commence à retirer les longues vis, puis la plaque dorée bascule en douceur, laissant une marque pâle sur le mur.

Un poids écrase ma poitrine. Un bref moment de vide. K.-O. émotionnel.

Toutes ces années d'exercice, tous ces patients, ces cheminements communs, je ne les laisse pas derrière moi. Ils sont en moi, joyeux, palpitants.

4e partie

PARCOURS DE COMBATTANTS

Chasse au trésor

Une nuit d'été pluvieuse, un jeune conducteur, dans la voiture que sa mère lui a prêtée à contrecœur, percute de plein fouet un motard et sa passagère qui ont surgi dans la lumière de ses phares alors qu'il pensait pouvoir dépasser tranquillement. Pas le temps de freiner ni d'avoir peur, le mal est déjà fait.

À mon arrivée, pompiers et gendarmes sont sur place. Il y a beaucoup de monde et de désordre. Les projecteurs halogènes éclairent une 4L bleu clair chavirée contre la barrière de protection en bois du bas-côté et la moto qui a voltigé pour atterrir plus bas sur un mini-golf. Deux groupes compacts entourent les blessés, sous le regard hagard de quelques spectateurs sortis de je ne sais où. Par chance, le conducteur et la passagère de la moto sont tous les deux conscients, au moins pour le moment. La fille est grièvement blessée à l'épaule, au thorax et au cuir chevelu, mais elle n'est pas en état de choc et s'inquiète du sort de son copain. Elle est rapidement perfusée, immobilisée sur le matelas coquille, réchauffée, soulagée de ses douleurs et brancardée vers le premier véhicule sanitaire.

Le motard, qui a roulé dans la pente, m'inquiète davantage. Il gît dans la terre et l'herbe détrempées, dans une position inconfortable, autant pour lui que pour les secouristes. Ses gémissements, sa tension basse et son pouls filant m'indiquent qu'il a perdu beaucoup de sang, sans doute en raison de la fracture ouverte de son fémur droit. Tout en installant sa perfusion, je ne cesse de lui parler pour stimuler sa vigilance et le calmer.

Sa cuisse semble étonnamment peu gonflée et bizarrement courte. J'ai le sentiment désagréable qu'il en manque un morceau… Il faut retrouver la pièce manquante, et vite ! Ce que j'explique aussitôt aux secouristes et aux forces de l'ordre.

Chacun y va de sa lampe de poche, en prenant garde à ne pas poser les pieds au mauvais endroit. La chasse au trésor est fructueuse : dix bons centimètres de fémur blanc nacré éjectés de la cuisse du motard au moment de l'impact sont retrouvés plus bas, entre deux parcours du mini-golf. Le plus extraordinaire est que cette portion d'os sera remise en place avec succès. Les deux victimes survivront à leurs blessures, sans trop de séquelles.

L'ombre d'un doute

Un après-midi d'août, alors que la lombarde souffle d'Italie et tire sa grande langue nuageuse depuis le col du Mont-Cenis jusqu'aux premières maisons de Lanslebourg, je reçois un appel au cabinet. Une femme âgée a chuté dans les rochers en descendant vers le lac avec son mari pour cueillir des fleurs. Celui-ci l'a ramenée tant bien que mal jusqu'à leur voiture, au plan dit des « Fontanettes » où elle a fait un malaise. Les pompiers, avertis, n'ont pas encore quitté le centre de secours.

Je laisse Lanslevillard sous un soleil encore généreux et je pousse le moteur de ma voiture sur la route du col, en forçant sur les vitesses pour faire comprendre à ceux que je dépasse que je n'ai pas de temps à perdre. Heureusement, il n'y a pas trop de trafic et le trajet me paraît relativement court. Le lac en contrebas est noyé sous un épais brouillard, mais la route reste dégagée. Pourtant, pas de voiture visible ni d'attroupement à l'endroit indiqué…

Je roule jusqu'à la frontière italienne, en dessous du barrage, pour y retrouver le soleil et un groupe de personnes discutant sur le parking du petit bar voisin du poste de douane. Si ça s'agite bien un peu, ce n'est rien d'autre que la gestuelle transalpine habituelle.

Je finis par repérer une femme assise sur le siège passager d'une voiture, la tête renversée, les cheveux collés au niveau de la tempe gauche. Personne à ses côtés… Ça palabre autour du véhicule sans paraître se préoccuper d'elle dont la position est pourtant suspecte.

Les pompiers arrivés sur ces entrefaites constatent avec moi que la femme est décédée. Les gestes de réanimation aussitôt mis en œuvre ne changeront pas le cours des choses. Je retrouve les gendarmes dans l'arrière-salle du bar, pour annoncer à son mari qu'elle est morte d'un traumatisme crânien, mais aussi pour l'interroger sur les circonstances de l'accident.

C'est un petit homme maigre, à l'air timide, coiffé d'un vieux bonnet de laine. Il semble ne pas comprendre ce qui s'est passé. Il a l'air sonné, pleure sans bruit, comme pour ne pas déranger. Il explique, dans un mélange de piémontais et d'italien, que sa femme a glissé sur une pierre mouillée ; sa tête a beaucoup saigné, mais elle n'a pas perdu connaissance tout de suite. Il l'a aidée à rejoindre la route, puis à s'asseoir dans leur véhicule. Un inconnu les a alors conduits jusqu'au poste frontière, et depuis, elle n'a plus répondu quand on lui parlait…

Tandis que les gendarmes le questionnent, je lui donne un calmant et le cafetier lui apporte une boisson chaude. Je prépare le certificat de constatation des lésions, avant de reprendre la route vers mon cabinet tout en songeant à ces destinées brisées par un accident si bête. Une envie de fleurs, de mauvaises chaussures, un peu de brouillard, un pied mal assuré, et une gentille mamie a terminé son chemin aux portes de son pays…

La fille de la défunte ayant demandé une enquête, j'apprendrai, à mes dépens, qu'il ne faut pas se fier aux apparences. Pour un mobile banal de prime d'assurance et d'héritage, mon gentil papi avait calculé qu'un rocher serait plus solide que le crâne de son épouse, et qu'un peu de brouillard associé à la naïveté du médecin local suffirait à faire gober le morceau.

Il s'en est fallu de peu.

Une forte tête

Par un dimanche matin d'automne, je suis tranquille à la maison, bien que toujours de garde effective, quand les gendarmes me proposent « un petit tour d'hélico » jusqu'à Bonneval, histoire de s'occuper d'un jeune qui a fait une chute en escalade.

Il fait plus froid que je ne le pensais… Mais j'ai déjà rejoint la DZ[7] de Lanslebourg où l'hélicoptère m'attend, toutes turbines allumées. Je suis en jean, chemise de laine et blouson, équipé de bonnes chaussures de marche, d'une casquette et de gants d'hiver, cela devrait suffire pour l'altitude de Bonneval, et le soleil qui pointe apportera le complément de chaleur.

Vu d'hélicoptère, le paysage est toujours aussi grandiose, avec ses reliefs aigus soulignés par une luminosité rose orangé,

7. *Dropping Zone* ou zone d'atterrissage pour hélicoptère.

dans le bleu profond du ciel où les traînées de condensation des avions ressemblent aux sillages des navires. En dessous de l'appareil, on distingue parfaitement chaque détail des toits de lauzes dont le gris moucheté magnifie l'or des mélèzes alentour. J'imagine les villageois bien au chaud, qui dans son écurie, qui devant ses fourneaux à préparer le repas de midi ou sur le pas de sa porte à discuter des dernières nouvelles du pays.

Je savoure ma position de médecin volant, tout au spectacle de la route en lacets du col de la Madeleine, le hameau du Collet, le village de Bessans, le cours de l'Arc au fond de la vallée, Le Villaron, et enfin Bonneval où nous nous posons sur l'aire d'atterrissage habituelle : une zone vaguement circulaire d'herbe jaunie, aux portes des premières maisons.

Avant d'avoir eu le temps de poser mon casque, j'entends dans les écouteurs le copilote m'annoncer que le blessé se trouve au pied d'une goulotte de glace, sur une barre rocheuse, à un endroit qu'un Bonnevalain désigne d'un bras tendu, beaucoup plus haut, dans des falaises peu engageantes pour moi qui ne suis guère ami avec le vide.

Nous redécollons donc. D'un coup, un virage serré envoie les massifs situés sur ma droite basculer en contrebas à ma gauche, et nous rapproche, à la frôler, d'une paroi abrupte en surplomb d'un terrain herbeux qui plonge directement vers le fond de la vallée de l'Écot. Impossible de se poser, bien sûr. Je vais être treuillé, suspendu au bout d'un câble métallique, les mains prises, l'une par mon cartable, l'autre par l'encombrante trousse d'urgence. Il suffit d'avoir confiance, bien enfoncer ma casquette à l'envers pour qu'elle ne s'envole pas, ranger mon imagination au placard. Quitter le marchepied pour le vide dès qu'une petite traction se fait sentir. Je n'ai pas vraiment peur, j'ai plutôt le sentiment d'une situation incongrue. Il doit y avoir erreur sur la personne... Heureusement qu'aucun membre de ma famille ne me voit !

Dès que mes pieds rencontrent le sol et que le câble donne suffisamment de mou, je décroche le harnais et cale mes deux mallettes sous un rocher pour les protéger des morceaux de glace qui dégringolent de la goulotte.

Un gendarme du secours en montagne est déposé à mes côtés. La situation dont il m'informe n'est pas fameuse.

Le blessé, âgé de dix-sept ans, a dévissé, sa tête a heurté les rochers une dizaine de mètres en aval, puis il a rebondi, pour s'arrêter enfin sur une corniche instable, en bordure d'une vire en pente recouverte de glace. Un secouriste du PGHM[8] se trouve à ses côtés, avec un de ses amis. Après avoir repris conscience quelques minutes, il a vomi puis s'est renfoncé dans un coma intermédiaire, signe d'une lésion cérébrale avec risque d'hématome compressif. Seul point positif : le froid limite la consommation d'oxygène du cerveau, et donc sa souffrance.

En revanche, impossible de grimper jusqu'à lui – je ne suis pas équipé pour ça –, et l'hélico ne peut pas le récupérer dans la paroi, au risque de recevoir des projections de glace ou de toucher le rocher, et si les deux hommes avec lui le portaient sur la corniche, tout le monde irait s'écraser plus bas.

La décision est prise de faire venir de Modane ou de Saint-Jean-de-Maurienne des gendarmes du secours en montagne, équipés pour pitonner le plan incliné et rapprocher la victime du bord du précipice, afin de tenter un hélitreuillage de dernière chance.

8. Peloton de gendarmerie de haute montagne.

Le gendarme qui se trouvait avec moi est récupéré et je vois s'éloigner le gros scarabée bleu sombre vers le bas de la vallée, seule issue possible pour les trois hommes sur leur vire comme pour moi.

Mes possibilités d'action restent très limitées : je ne peux que guider par radio les gestes de base et surveiller de loin l'évolution clinique de la victime.

J'ai tout le temps de réfléchir et de profiter du splendide panorama qui s'offre à mes yeux. La vue est large sur les pistes du domaine skiable de Bonneval, les glaciers de l'Albaron et du Vallonnet, le village de l'Écot et la vallée qui remonte vers les sources de l'Arc.

Je vois aussi, avec inquiétude, les nuages s'accumuler et masquer bientôt le soleil déjà pâlot.

En quelques minutes le vent s'est levé et le froid est devenu incisif. Je dois à présent lutter contre la douleur et l'engourdissement. J'imagine ma femme et mes enfants à Termignon, en train de fêter les quatre-vingts ans de notre amie Joséphine en présence d'une centaine d'habitants du village et des alentours. Ils doivent commencer à se faire du souci… Je songe à mes confrères citadins dont la pratique est probablement plus tranquille que la mienne, à ce choix de vie que j'ai fait et que je ne regrette pas, mais qui nous prive, les miens et moi, de moments essentiels. Je pense aussi à mon père qui aimait tant la montagne et que je savais fier d'avoir un fils médecin – bien qu'il ne me l'ait jamais dit –, ainsi qu'à ma mère qui aurait été terrorisée de me savoir dans pareille situation.

L'hélicoptère n'est toujours pas de retour. Le blessé tient le coup, mais je suis transi de froid et crains maintenant de ne plus être réactif…

Alors que ma résistance commence à s'étioler, j'entends le bourdonnement caractéristique de l'hélico avant même de le repérer, bien en dessous de nous. Il dépose les deux gendarmes avec leur civière Piguillem[9] et renvoie le harnais pour me récupérer, le temps de préparer la manœuvre du sauvetage. Déjà le pilote s'éloigne de la paroi, avec moi qui pendule dans les airs, les mains à nouveau prises, complètement frigorifié, incapable de regarder vers l'appareil bien trop en arrière et au-dessus de mon champ de vision, condamné à fixer le néant blanc bleuté du ciel.

Une fois introduit dans la cabine, accroupi sur le plancher métallique, le casque vissé sur la tête et le micro collé à la bouche, je participe de mon mieux à la périlleuse récupération du blessé. Les deux pilotes sont inquiets, je les entends râler dans mes écouteurs : « Magnez-vous de l'embarquer, on est trop près des rochers ! Si on se prend une rafale ou un parpaing, on va au tapis… Voilà, c'est bon ! On file vite sur Bonneval pour déposer le toubib et son client… »

Mon collègue du SMUR nous y attend, c'est une bonne surprise. Nous pouvons enfin médicaliser notre alpiniste, malchanceux ou imprudent, avant son transfert sur le centre hospitalier régional de Grenoble. Son état est resté stable, mais le délabrement de son casque confirme la violence du choc. Avec l'aide de toute la population venue donner un coup de main, le transfert s'effectue rapidement. Une dernière fois l'hélico repart, emportant le miraculé. Cette fois-ci vers le scanner, la neurochirurgie. Son salut l'attend, et même, à terme, une complète récupération.

9. Du nom de son inventeur, monsieur Piguillem, Sauveur de son prénom !

Moi, j'ai droit à un bon bol de thé brûlant et à un chauffeur pour me raccompagner à Lanslebourg, où j'avais laissé ma voiture.

Je vais débarquer au milieu du banquet de Termignon, pour entendre un petit bout de femme, la mienne, entonner un chant clair et puissant.

Distances

Soixante centimètres du bois clair de mon bureau s'interposent entre elle et moi, sans tenir compte de nos positions respectives – elle, affaissée sur sa chaise en plastique moulé bleu roi, et moi, sur mon fauteuil vert anglais, tantôt penché en avant, les mains jointes, tantôt renversé contre mon dossier, les bras reposant sur les accoudoirs.

C'est la première fois qu'elle a accepté que je la soutienne pour l'accompagner de la salle d'attente à son siège, à bout de force, vacillante.

L'une des rares fois aussi où elle a autorisé la présence de sa mère.

Sa gentillesse et sa jeunesse n'ont pas empêché la maladie de fondre sur elle sans espoir de guérison, mais son courage et une volonté de fer lui ont fait gagner huit années sur un pronostic qui ne lui accordait que quelques mois. Elle a tout affronté : les chirurgies lourdes et risquées, les chimiothérapies de dernière chance, le monde hospitalier, les imageries répétées, les effets secondaires, les périodes de doute et celles d'espérance, les bouleversements familiaux, les décisions imposées.

On s'était habitué à cette rémission miraculeuse et à cette vie cahin-caha, aux crises banalisées, aux douleurs imparfaitement maîtrisées, à l'autonomie réduite.

En quelques semaines tout a basculé, avec un emballement des signes cliniques et psychiques, dans une glissade incontrôlable, une défaillance de tous les systèmes de défense. Il a fallu batailler pour obtenir un rendez-vous en urgence. L'imagerie était catastrophique. Plus d'autonomie possible : hospitalisation aux forceps. Mutisme des experts, attentisme d'évitement, à moins que ce ne soit du découragement. Se sont enchaînés les contrôles à distance, les traitements symptomatiques et puis palliatifs. L'entourage a fait preuve de courage et de solidarité. Sentiment commun d'impuissance.

J'ai la sensation physique de la voir tomber dans le vide, sans pouvoir la rattraper, déjà partie si loin et en même temps si proche, tellement présente.

Les mots sortent, clairs, crus, sans retenue, désespérés, pleins de douceur et de colère, dans une sincérité réciproque et essentielle. Les larmes ont effacé les barrières, le temps s'est figé. Tout doit se dire maintenant ou jamais plus. Je pourrais tout autant être à sa place et elle à la mienne, le couperet aurait pu s'abattre différemment ou plus tard. La finitude nous est commune et nous rapproche.

J'aimerais pouvoir passer de l'autre côté du bureau, la serrer dans mes bras, trouver la proximité qui apaise, la soutenir, pour peu qu'elle en ait le désir, jusqu'au seuil ultime.

Cet instant est celui d'une plénitude. Humilité. Le temps s'est arrêté juste avant l'emballement.

Belle claque à nos certitudes.

Je n'ai pas eu le loisir de reprendre mes marques avant de recevoir les prochains patients. C'est la fin de semaine, je suis le seul médecin jusqu'à la garde du soir, le planning des rendez-vous est complet. Tellement de monde à voir ! Je dois gérer au mieux le programmé comme l'imprévisible.

Elle appelle pour son père de quatre-vingt-quatorze ans qui est un patient de longue date. Jusque-là, il se portait aussi bien que possible, mais depuis les premières heures de la matinée, il demande à me voir pour une grande fatigue. Je le connais suffisamment pour pressentir une situation à risque. Qu'elle l'amène sans tarder, je le verrai entre deux rendez-vous. Le temps de raccrocher, la secrétaire m'annonce l'arrivée d'un nourrisson déshydraté que j'accueille en priorité.

Il m'a fallu un moment pour examiner le petit dans le bureau de mon collègue, commencer la réhydratation et communiquer un bilan au centre 15 de Chambéry. En attendant l'ambulance, je rassure la maman, lui explique les raisons de l'hospitalisation et le choix du mode du transport. C'est une jeune femme du pays, la tête sur les épaules, qui sait qu'elle peut frapper à ma porte à la moindre inquiétude.

Dans le même temps, j'ai installé l'aïeul sur mon divan d'examen, branché le scope, les électrodes de l'électrocardiogramme, le tensiomètre et le saturomètre. Aujourd'hui, il n'a pas la force de plaisanter ni même de sourire, le souffle court, douloureux, la conscience limite et les réponses laborieuses. « Docteur, j'ai mal dans la poitrine, faites quelque chose ! » Tension dans les chaussettes, arythmie sur cœur trop lent, trouble de conduction grave, regard perdu, sueurs et pâleur : la catastrophe est imminente.

J'appelle de nouveau le 15, demande l'intervention des pompiers et du médecin du SMUR. Avec l'aide de la secrétaire, je prépare la perfusion et faxe le tracé au médecin régulateur, m'efforçant d'oublier la sonnette de l'entrée et la sonnerie du téléphone qui ne cessent de retentir, et tentant de faire abstraction de la présence angoissée de sa fille et de son gendre.

Je finis par trouver une veine correcte, tire sur la peau fragile pour faciliter l'entrée du cathéter, sans tenir compte des trois paires d'yeux rivés sur chacun de mes gestes. La morphine injectée, je prépare l'oxygène et le défibrillateur.

La douleur est devenue intolérable, le patient s'agite puis perd soudain connaissance, tête en arrière, yeux révulsés, comme mort. Aussitôt, je demande à la famille de quitter mon bureau, à la secrétaire de baisser le dossier à l'horizontale, tout en surveillant l'écran qui ne montre pas d'arrêt cardiaque... Je relève ses jambes, prêt à masser et défibriller si besoin. Quelques secondes interminables, la bouche sèche, la tête en pleine carburation, les gestes automatiques, les sentiments au coffre-fort.

Après une longue inspiration semblable à un râle, il reprend conscience. Merci mon Dieu !

Je retourne rapidement au chevet du nourrisson, en laissant ouvertes les portes des deux bureaux pour entendre les alarmes du scope. Toujours pas de nouvelles de l'ambulance, mais la maman assure et le bébé a repris couleurs et vitalité.

À quelques mètres de distance et quatre-vingt-quatorze ans d'intervalle, deux êtres luttent, à l'orée et au crépuscule de leur existence, deux flammes vacillent de concert, toutes deux uniques et néanmoins unies dans un même combat. Et en cet instant partagé, c'est le fil de leur vie que je tiens entre mes mains.

Le vent de l'urgence s'est calmé aussi soudainement qu'il était survenu, pompiers et ambulanciers sont arrivés presque en même temps, mes deux patients ont rejoint un espace clinique plus serein. Mon taux d'adrénaline est retombé.

En salle d'attente aussi, le souffle retenu a laissé place à la respiration habituelle du cabinet, les conversations ont repris doucement.

Remise à zéro des compteurs émotionnels, petit débriefing cérébral discret, enregistrer pour ne pas oublier, pour encaisser, comprendre.

Je prendrai des nouvelles plus tard, au calme.

Comme redouté, après deux semaines pénibles et un coma terminal, entourée de sa famille et d'amis fidèles, elle a abandonné son corps martyrisé. Alors que je suis en congé loin de la Haute-Maurienne, je reçois avec deux jours de retard un message m'avertissant de sa fin imminente. J'aurais voulu être auprès d'elle et accompagner ses proches dans cette épreuve.

Le bébé a retrouvé son foyer montagnard après une parenthèse réparatrice à l'hôpital.

Le nonagénaire s'est vu poser un pacemaker. Il est de retour au bercail en pleine forme. Lorsque je retourne le voir, il est absent. Je le croise dans le village, sur le pont de la boulangerie, tout sourire, rentrant de sa balade quotidienne. « Tout va bien, docteur, mais vous auriez dû me laisser mourir l'autre jour, quand j'étais chez vous, c'était le meilleur endroit et le meilleur moment pour le faire. » Une véritable déclaration d'amour et un reproche tout à la fois.

5e partie

LORSQUE L'ENFANT PARAÎT

Elle a probablement une trentaine d'années, un visage ovale au teint mat, mangé par des yeux vert d'eau, ses cheveux noirs sont tirés en arrière, à la mode des femmes du Piémont.

Elle me regarde par en dessous, avec un mélange de crainte et de supériorité, et quand son mari répond à sa place à mes questions, elle manifeste son approbation par un large sourire découvrant des dents très blanches.

Lui est un peu plus petit, trapu et rougeaud, le verbe haut, éleveur de moutons et d'enfants – ils sont déjà quatre à la maison –, ne s'embarrassant pas de détails médicaux ni d'inquiétudes. Sa femme accouchera dans deux mois, c'est moi qu'il appellera le moment venu, et pas question d'aller à l'hôpital – je n'ai qu'à procéder comme lui pour l'agnelage ! Aucune importance si je n'ai pas l'habitude, ce n'est pas plus difficile que pour les bêtes. Et puisque je me serai exercé une première fois, je pourrai le refaire sans problème pour mon premier enfant, bientôt à naître.

Inutile de proposer une échographie ou une prise de sang – sa tension artérielle est pourtant limite, elle mange du sel par poignées et travaille de l'aube à l'aurore, entre la moiteur des bêtes et le froid du dehors. Ce qui doit arriver arrivera, c'est la nature, et puis, la dernière fois, le docteur l'avait fait accoucher à la clinique et elle y avait pris le cafard, ou le dure-temps comme on dit ici.

Je remplis tout de même la déclaration de grossesse – « Vous comprenez, docteur, les papiers, c'est important » –, donne les consignes appropriées et répète qu'il n'est pas question que je pratique moi-même l'accouchement, sauf en cas d'urgence.

Les semaines passent, la saison d'hiver bat son plein, et quand je monte à Bessans pour mes visites, je la guette, histoire de surveiller son ventre qu'elle porte loin devant elle. Elle continue de dégager à grands coups de pelle la neige qui s'accumule devant sa maison.

Puis arrive le mois de février avec sa surcharge de travail, les journées de trente-cinq heures, la neige qui ne sait plus où déborder, et j'oublie un peu cette bombe à retardement.

Mais un dimanche soir, après une journée harassante, l'appel tant redouté arrive alors que la nuit est déjà noire et que, pour ajouter du piquant à l'affaire, la tempête fait rage.

Elle a des contractions de plus en plus rapprochées, son mari dit que le bébé va bientôt sortir. Le temps de prévenir Christine, l'infirmière du village, ainsi qu'une amie, ancienne sage-femme à Bonneval, et je prends la route. Je dispose du matériel nécessaire, même en cas de complications, et de toute façon, la tempête interdit l'échappatoire de la maternité : tout s'est ligué pour que je sois obligé de l'accoucher.

J'arrive dans une ferme désertée. Seuls s'y trouvent la parturiente et son mari, dans une pièce exiguë chauffée par un poêle à bois, une petite table encombrée et un matelas de toile nue sur lequel elle est étendue, étrangère à ce qui lui arrive.

Ni serviette de toilette ni linge propre, pas de vêtements préparés pour le bébé, et rien pour se laver les mains… On m'indique un robinet, qu'on actionne avec un clou, dans un coin sombre à côté de l'étable. L'eau en sort si froide que je n'arrive pas à rincer le savon sur mes mains. Je me contenterai d'alcool à 90°, de Bétadine et d'une paire de gants chirurgicaux.

Avec Catherine, la sage-femme, nous préparons la venue de l'enfant, effectivement imminente. Il se présente en position normale, la tête vers le bas, et sans signe cardiaque de souffrance fœtale. Entre deux contractions, douloureuses et efficaces, la mère semble retomber dans son état d'indifférence. « Respirez… Bloquez… Poussez… Ne poussez plus ! » La tête apparaît, puis le cou et les épaules – ouf ! pas de circulaire du cordon –, et d'un seul coup, je me retrouve avec un superbe bébé dans les mains. Il est rouge et glissant et n'attend pas ma permission pour brailler de toute la force de ses petits poumons brutalement envahis par l'air saturé de la pièce.

Comme j'ai appris à le faire – du moins en cours et dans les films à la télé –, je dépose le nouveau-né sur le ventre de sa mère, avant de couper le cordon ombilical… « Non, docteur ! vous pouvez le garder encore un peu, je préfère comme ça. » À l'instant exact où le bébé a poussé son premier cri, la porte s'est ouverte sur le cortège de ses frères et sœurs, accompagnés par leurs grands-parents. Puis, comme le gamin est en fait une gamine, tout ce petit monde s'évapore.

L'infirmière vient d'apporter le nécessaire pour emmailloter la petite qui n'a pas encore de prénom – « On a pas encore décidé, repassez demain pour que je vous paie, on vous le dira à ce moment » –, tandis que le père s'en va traire la chèvre pour la première tétée.

Une fois la délivrance accomplie, et avant de boire le verre de mousseux de circonstance, on nous invite à accomplir un rituel un peu déroutant : nous devons nous laver les mains dans une bassine en laiton, remplie d'eau chaude à ras bord, tenue au-dessus du ventre de la mère – mère qui paraît toujours aussi absente de la cérémonie, comme à mon arrivée, une heure plus tôt.

Le lendemain, comme prévu, j'ai droit à mon chèque et, pour me remercier, à une belle marmotte empaillée. Et comme je demande au frère aîné comment ses parents ont décidé de prénommer sa petite sœur, il répond, d'un air moqueur : « Ben, comme c'est une fille, on savait déjà son prénom. » Si cela avait été un garçon, ils n'auraient pas attendu pour me le dire.

Naître ou ne pas naître

Elle a exactement vingt ans et a débarqué d'Angleterre la veille pour travailler comme saisonnière dans un hôtel de la station. Elle a dit à son patron qu'elle montait un moment dans sa chambre parce qu'elle se sentait fatiguée et qu'elle avait la diarrhée. Quand celui-ci m'appelle à la rescousse, j'avoue avoir du mal à croire à son histoire…

Le temps de déclencher l'intervention des pompiers et prévenir les patients présents en salle d'attente que je m'absente pour une urgence, me voilà en train de monter quatre à quatre les dernières marches menant à son logement de fonction dans les combles de l'hôtel. Je suis frappé par la chaleur lourde et le silence moite de la pièce dont les poutres m'obligent à courber le dos. Je la trouve assise à même le sol, adossée contre le mur, jambes tendues et bras ballants, le visage fermé, du sang plein les mains et maculant la serviette de toilette qu'elle tient entre ses cuisses. Une collègue de travail se tient auprès d'elle, qui tente de la réconforter et de permettre la communication en dépit de son français limité et de mon anglais approximatif.

La véritable urgence, ce n'est pas elle mais le bébé tout neuf, tout propre, tout éveillé, enveloppé dans un drap de bain vert et une couverture de survie, que je découvre avec émerveillement, posé sur un meuble bas près d'un fenestron entrouvert.

C'est une petite fille, belle au possible, rayonnante de vie. Je me sens intimidé et en même temps reconnaissant devant tant de perfection, et les pompiers qui m'accompagnent partagent mon coup de foudre.

Elle va bien, même si le cordon, visiblement déchiré à la main, n'a pas été ligaturé. Et si elle crie, c'est qu'elle doit déjà avoir faim.

Je la confie à la surveillance attendrie de l'un des pompiers et fais sortir tout le monde, afin d'examiner celle qui l'a fait naître dans la solitude. L'examen gynécologique montre que la délivrance s'est produite, le placenta ayant sans doute disparu dans la cuvette des toilettes. La maman, elle, jure ses grands dieux qu'elle ne se savait pas enceinte, jusqu'à ce que la tête de son enfant émerge d'entre ses jambes.

Elle nie tout, comme si je l'accusais d'un crime, et le plus triste est que je la crois. Je ne sais rien de son histoire, mais je l'imagine plutôt sordide ou tragiquement banale. J'ai envie de la rassurer, de la soulager, bien qu'elle détourne la tête quand je veux lui montrer sa fille. Elle refuse de lui donner un prénom ou simplement de la prendre contre elle. Je la trouve courageuse d'avoir accouché seule, et son enfant tout autant, qui s'est accrochée pendant neuf mois avec l'envie d'exister et d'être aimée.

L'arrivée de mon confrère du SMUR et la médicalisation de la maman m'empêchent de pousser plus avant la discussion.

Comme il faut se répartir les tâches, je me charge du bébé jusqu'au véhicule de secours des pompiers. Dans l'émotion du moment, j'ai la conviction que je serais capable, si cela était nécessaire, d'adopter cette petite fille projetée dans la vie sans père et avec une mère qui refuse son existence. J'appréhende de la voir partir vers la clinique sans savoir ce qu'elle va devenir. Est-ce que je ne l'abandonne pas à mon tour ?

Malgré la chaleur de ce mois de juin, il faut lui éviter l'hypothermie, comme à tous les nouveau-nés, alors j'attrape une couverture supplémentaire avant de la prendre, bien serrée, au creux de mes bras. Puis je redescends marche après marche l'escalier étroit et mal éclairé, avec d'infinies précautions, comme si je portais le Saint Sacrement, surveillé de près par quatre gardes du corps en bleu sombre et casquette rouge.

Je la confie à un sapeur-pompier qui aura la responsabilité de la tenir au chaud et de compenser les secousses de l'ambulance pendant le trajet jusqu'à l'hôpital. Il se cale au fond de la banquette, transpirant à grosses gouttes, la petite sur les genoux, visiblement impressionné par sa mission et la fragilité de son précieux fardeau. À quelques centimètres, la mère, elle, s'applique à ne pas regarder son enfant, de peur de ne pas s'en tenir à la décision qui la bouleverse.

C'est avec un serrement au cœur que je referme les portes du fourgon, rassuré toutefois par un merci clair et sincère de la maman.

En appelant l'hôpital dans l'après-midi pour m'assurer que tout va bien, j'apprends que les infirmières ont dû trouver un prénom provisoire pour la petite puisque je n'ai pas voulu le faire moi-même. Se pose aussi le problème de la déclaration de sa naissance : selon la loi, c'est au médecin ou la sage-femme ayant coupé le cordon de se charger de cette formalité. Or, personne n'ayant assisté à l'accouchement ni vu le placenta, rien ne prouve, au moins au sens légal, le lien entre cette femme et ce bébé. Aucun médecin de la maternité ni le médecin du SMUR n'accepte de se mouiller. Voilà une petite fille qui n'existe pas pour ses parents biologiques, qui n'a ni nom ni prénom et qui risque de ne pas avoir d'existence légale. Ma conviction est que si un bébé a vu le jour en bonne santé, c'est qu'il avait la volonté de vivre. Alors, mon coup de pouce à moi sera de prendre mes responsabilités en allant déclarer sa naissance à la mairie, d'autant qu'entre-temps, sa mère a décidé de l'abandonner, lui donnant quand même son nom de famille et un prénom bien à elle.

Je souhaite de toutes mes forces que cette enfant trouve bientôt des parents pour l'adopter, l'aimer et lui apprendre à aimer sa mère de sang. Je souhaite qu'elle pardonne à la vie de n'avoir trouvé comme bonnes fées pour se pencher sur son berceau qu'une escouade de pompiers et un médecin de montagne aussi bouleversé qu'un vrai papa.

Bébé surprise

Cet appel du centre 15 en début de nuit m'annonce une intervention peu banale, dans la catégorie accouchements acrobatiques.

Elle a tout juste dix-sept ans et a soigneusement caché sa grossesse à son entourage, à ses parents chez qui elle est venue passer quelques jours, à son copain probablement, et sans doute un peu à elle-même.

Quelques maux de ventre qu'elle a espéré calmer par un bain chaud, et une première série de contractions plus tard, voilà qu'une tête est apparue sous l'eau entre ses cuisses. Il a bien fallu appeler le 15.

Voisins et proches sont attroupés autour du véhicule des pompiers garé devant chez elle, des bras lestes me déchargent de mon matériel d'urgence, on me guide dans des escaliers non achevés, en béton brut, jusqu'à une salle de bains minuscule, logée dans une soupente, dans laquelle s'entassent déjà trois pompiers. La baignoire, vidée de son eau, contient encore la mère et son enfant à peine extériorisé, tous les deux emmaillotés dans des serviettes et des couvertures.

On prépare la perfusion, prend la tension et la saturation de la jeune femme, pendant que je pose les clamps et coupe le cordon. Je nettoie ensuite le nouveau-né de son vernix, aspire ses mucosités et procède à son premier examen clinique. C'est un beau petit garçon, arrivé un peu en avance, mais en parfaite santé, que je confie à une jeune pompière ravie et émue, aussitôt partie dans un coin de cette seule pièce chaude de la maison, pour le réchauffer dans ses bras de madone en treillis.

La maman est perfusée, sortie de sa baignoire, non sans difficultés, installée au sol dans un matelas coquille, puis monitorée pour préparer la délivrance qui s'annonce complexe.

On a envoyé l'assemblée qui attend derrière la porte quérir dans le village des affaires de bébé. Dans le même temps, on a installé sur le lavabo une planche à découper recouverte d'un linge propre en guise de table à langer.

La mère n'ayant pas encore de lait, une poche de glucosé pour perfusion, transvasée dans un biberon ébouillanté, fait office de première tétée.

Quant à moi, je me suis trouvé une petite place inconfortable, par terre, entre les jambes de la maman, pour inciter un placenta réticent à quitter l'utérus.

Nous formons tous ensemble une curieuse nativité dans cet espace réduit, sans place pour la pudeur, sous une température tropicale, les pompiers dans des positions épuisantes, le porteur de perfusion cramoisi et verrouillé en avant par l'angle des bardeaux, la mère en position gynécologique avec un médecin en nage à ses pieds, et deux autres sapeurs lui passant le matériel en évitant de piétiner qui que ce soit, sans oublier le bébé et son ange gardien. Et tout cela dans une bonne humeur communicative, avec la porte qui s'entrouvre régulièrement pour donner des nouvelles et pour faire passer des verres d'eau fraîche. Personne, pour rien au monde, ne songerait à se plaindre de son inconfort et ne laisserait sa place.

Cycle de vie

La maman avait des contractions, le papa pas encore suffisamment. On attendrait demain pour téléphoner à la maternité ; la dernière fois, on est descendus à deux reprises pour rien…

À 2 heures du matin, le bébé est sorti sans autorisation. Il est à présent pendu au bout de son cordon, comme son père au bout du fil. Le 15 lui explique comment couper le cordon et déclenche le médecin de garde, en même temps que les pompiers. Ledit médecin de garde interrompt sa nuit, saute dans son pantalon, puis dans sa voiture, en se demandant ce qu'il va trouver au bout de ses quinze minutes de trajet.

Pas facile de repérer la maison sans indications précises, pourtant je finis par tomber dessus par hasard. Le grand-père me guide à l'étage où la mère se tord de douleur, en proie aux spasmes d'une délivrance inefficace. Le père n'est pas parvenu à sectionner le cordon, la grand-mère fait ce qu'elle peut pour protéger le bébé. Les pompiers sont en train d'installer leur matériel, et le médecin du SMUR, arrivé presque en même temps que moi, prépare le sien pendant que je mets en place une perfusion. Du monde, du bruit, pas assez de lumière, on déplace les meubles, on prépare la cellule du véhicule pompier, on calme les douleurs, tandis que la porte de la maison reste ouverte sur le froid extérieur. Le cordon est clampé puis coupé, on brancarde la maman, ça brasse encore un peu, puis le calme revient enfin. Je reste seul dans la maison avec la grand-mère, à emmitoufler l'enfant avant de le lover sous mon anorak, la tête protégée par un bonnet trop grand pour lui. Le grand-père prend quelques photos à l'arrache avec son portable, alors qu'un pompier m'agrippe le bras pour m'assurer.

Juste une fraction de seconde pour graver dans ma mémoire le visage rond de ce petit bonhomme, ses yeux grands ouverts, cette nouvelle vie débarquée dans notre drôle de monde.

Un instant de grâce.

***

Il a fallu des années avant de bien se connaître, des visites fréquentes, des batailles, des joies, des souffrances, des découragements aussi, des hospitalisations de plus en plus rapprochées, jusqu'à ce que la vie le quitte, ou plutôt qu'il accepte de la quitter.

Un après-midi où je suis de repos, ma collègue appelle à la maison pour me prévenir. Il est indispensable que je l'accompagne, c'est une évidence.

Je laisse ma voiture près de la place pour descendre à pied la ruelle. Dans la grange, le sol alterne ciment et terre battue, l'escalier est étroit et raide, protégé par une fragile rambarde en bois lustré. Je franchis la petite porte basse sans palier. On se prend dans les bras, on s'embrasse, on laisse les larmes venir, on dit quelques mots simples, on raconte comment ça s'est passé, on parle de l'avant, mais pas de l'avenir qui n'a pas encore de sens. La petite cuisine est surchauffée, avec la nappe à grandes fleurs immuable sur la table, les rideaux en dentelle de part et d'autre du fenestron au-dessus de l'évier, les verres en Pyrex sur l'égouttoir, une boîte de médicaments ouverte sur le coin du buffet et du matériel infirmier posé sur un champ chirurgical en papier vert sombre.

Je suis monté dans la chambre en soupente pour constater le décès. Comment pouvait-il gravir ces marches quasi verticales, lui qui était insuffisant cardiaque et respiratoire, épuisé jusqu'à l'asphyxie, gonflé par les œdèmes ?

Comme je redescends pour rédiger le certificat et appeler les pompes funèbres de Modane, arrive Simon, infirmier et presque apôtre, pour préparer et vêtir le mort. On a sorti ses habits de ville, juste portés pour les mariages et les sépultures. La famille et les amis qui viennent d'arriver tentent maladroitement d'apaiser sa femme, mais en réalité c'est elle qui les console, tout entière dans l'inéluctabilité du moment.

Il n'y a rien de plus banal et trivial que d'enfiler un pantalon, une chemise, un pull, une veste, des chaussettes et mettre des chaussures. C'est juste un peu plus compliqué avec un corps inerte. Chacun connaît les gestes à accomplir : basculer le corps d'un côté puis de l'autre, à genoux sur un rebord du matelas qui s'enfonce et tangue sous notre poids. Pas de peur, pas de dégoût, pas de réticence ni de fausse pudeur. Il y a là trois personnes à la place qui est la leur, véritablement ensemble, chacune égale à l'autre, membres d'une même famille, trois humains dans leur propre destin. C'est un moment de vérité, de communion, sans tristesse.

Un moment de grâce.

6e partie

DIALOGUES AVEC LA FAUCHEUSE

Vivre, c'est marcher sur un sentier de montagne, sous la lumière du jour ou dans la clarté lunaire, les zones d'ombre participant au dessin des reliefs.

La voie peut être large ou étroite, rassurante ou inquiétante, aisée ou difficile, à travers des vallons tranquilles ou au bord de sombres précipices. Le pas est parfois hésitant ou maladroit et la chute est facile.

Mourir, c'est interrompre sa course, sortir du chemin, franchir une frontière, sans savoir ce qu'il y a de l'autre côté.

L'indicible

La profession de médecin nous oblige à rencontrer souvent la mort d'autrui, en attendant d'être confronté à la nôtre. On apprend par force à y faire face, du mieux que l'on peut. Mais comment gérer celle qui frappe brutalement, sans qu'on ait pu un tant soit peu s'y préparer ?

Que dire de la violence absolue de cet appel en pleine nuit, directement sous nos fenêtres ? Un jeune avait été retrouvé par son frère, pendu dans sa grange, les mains dans les poches. La neige tombait quand même, alors que tout aurait dû s'arrêter. J'ai trouvé la mère déjà debout, dans la lumière jaune de l'étable, à sortir les bidons de lait, lourds comme la misère du monde. Le père, encore plongé dans le sommeil, était rentré de l'hôpital la veille. Cancer inopérable. J'allais devoir dire l'insupportable. Puis la présence des gendarmes, dans la petite cuisine, avec l'odeur du café chaud préparé malgré tout. Le père qui a compris immédiatement et qui crie. Tout le village va commenter l'événement, pensant connaître la vérité. Mais la vérité de qui ?

***

Ce jeune schizophrène n'avait jamais su prendre une décision, torturé par l'impossibilité pathologique de choisir entre deux options contradictoires. Mais aujourd'hui, il a trouvé la force et les moyens d'organiser sa sortie. Je dois défoncer la porte fermée à clef. Il a posé à même le sol un matelas pour s'allonger proprement, et une enveloppe avec un long poème et de courtes explications. Dans sa bouche, un pistolet a fait son œuvre. En bas, dans la cuisine, son père s'effondre sous les yeux de sa femme hébétée de douleur et d'incompréhension. Et, encore une fois, l'indispensable gendarme me demande de décrire – très précisément, docteur – le trajet de la balle et les dégâts associés.

Et ce sinistre con de pharmacien, déjà au courant, qui me dira dans son officine, devant tout le monde : « C'est bien fait pour ses parents, ça leur fera les pieds. »

***

Comment oublier ce corps déshabillé par la force du courant, excepté une chaussette et une botte restées accrochées à son pied gauche ? Un homme âgé échoué sur un banc de sable, entre deux bras du torrent qui s'apaise à ce niveau de la vallée, indécemment exposé à la vue des montagnes. Deux vieux amis partis pêcher vers les sources de l'Arc : l'un est allé retrouver son créateur, et l'autre discute avec les autorités dans le bureau de la mairie, le visage fermé, énigmatique et ambigu.

***

Comment dire toute l'irréalité de ces rencontres avec la mort qui ne prévient pas et frappe dans la solitude ? Le vieux garçon tombé à côté de son poêle à bois, dans la crasse inimaginable d'une pièce sombre, les jambes brûlées par le papier journal enflammé qu'il tenait sans doute à la main. Tous les anonymes que la montagne a défigurés et qu'il faut examiner dans ses chapelles glacées qui n'ont d'ardentes que le nom. L'ouvrier tombé d'un toit, dont la vie s'échappe inexorablement malgré les soins prodigués. Les deux « pays » qu'une avalanche a entraînés avec leur engin de damage sous la glace, dans les profondeurs du lac du Mont-Cenis.

Juste en garder le souvenir, comme une cicatrice, un devoir de mémoire, leur accorder un peu du respect qui leur est dû.

La main dans le sac

Il est un souvenir qui me reste comme une blessure intime.

Lorsque je me suis installé à Lanslevillard, j'ai eu la chance d'avoir mon cousin Yves comme architecte du cabinet.

Un jour que je le raccompagnais à Grenoble dans ma vieille 4L, nous avons été témoins d'un accident sur l'autoroute. Sans raison apparente, un véhicule qui roulait à grande vitesse a fait une embardée suivie de plusieurs tonneaux, avant de s'immobiliser sur le toit dans un champ de maïs en contrebas de la chaussée.

Nous nous sommes immédiatement arrêtés et je me suis précipité en attendant les secours. Yves me suivait à quelques mètres tandis que je descendais le talus de terre meuble. La lumière était douce, les grandes tiges de maïs dorées, et le corps d'un jeune homme sans tête, éjecté au moment de l'impact, m'est apparu, spectacle absurde et indécent.

J'ai eu la sensation d'avoir surpris la mort à l'œuvre, la Camarde en flagrant délit de sale boulot, la faux à la main.

Je suis remonté aussitôt, pour épargner ce spectacle à mon cousin.

Nous avons prévenu les secours, empêché les curieux d'approcher, puis j'ai gardé pour moi cette part la plus horrible du drame.

Quand, quelques années plus tard, en pleine jeunesse lui aussi, Yves a été emporté par la maladie, j'ai retrouvé la douleur partagée et ce goût de cendres dans la bouche, comme un rappel à l'ordre, une sourde menace.

L'étrangleur du VSAB

C'est un ancien moniteur de ski, taillé dans le roc, réputé pour sa gentillesse avec les enfants des classes de neige, jusqu'à ce que la maladie se fraye un chemin dans les méandres de sa pensée. Les semaines passant, il est devenu plus taciturne, moins sociable, un peu brutal, mais personne ne l'a poussé à consulter – c'est juste une mauvaise passe, tout va rentrer dans l'ordre. C'est plutôt vers le désordre mental que s'est dirigée l'évolution, et il a suffi de la visite de témoins de Jéhovah pour que tout bascule. Il est ensuite passé en phase délirante et s'est mis à voir des complots partout.

Convaincu d'avoir démasqué un « traître », il l'a blessé avec un couteau et a essayé de le défenestrer. C'est en fait sa mère qu'il venait d'agresser, et ce sont les voisins, alertés par les cris, qui ont empêché la conclusion du drame.

Quand j'arrive dans la rue, une couronne de villageois encercle à bonne distance le forcené. Ils m'encouragent du geste et de la voix à lui faire l'injection magique qui réglera tout en un instant. Mais l'intéressé, qui brandit une hache, n'est pas en état d'entendre mon argumentation pourtant bienveillante.

Il faut l'aide conjuguée des pompiers et des gendarmes pour que je puisse l'approcher, lui administrer un cocktail propre à assommer un éléphant, histoire de le calmer et lui faire accepter l'hospitalisation.

Comme je dois l'accompagner, le transport se fera avec le véhicule des pompiers. Je m'installe avec le malade dans la partie médicalisée dudit véhicule, les autres dans la cabine avant, séparés de nous par une épaisse cloison vitrée. Il faut dire qu'à l'époque, je manquais d'expérience…

Durant le trajet, mon « client » s'agite à nouveau :

« Où qu'on va, toubib ? Arrête le car, qu'on boive un coup !

– C'est pas la peine de s'arrêter, il fait nuit et les bars sont fermés, on verra plus tard pour le canon… »

Soudain la folie reprend le dessus et me voilà brutalement plaqué contre la paroi du fourgon par deux énormes mains qui m'étranglent. Sans réfléchir, je parviens à dire dans un filet de voix : « Si vous faites ça, je ne m'occupe plus de vous ! »

L'effet est immédiat. En un éclair de lucidité, son regard redevient présent, il relâche son étreinte, recule et murmure : « Si je vous ai manqué de respect, docteur, il faut me le dire. »

Depuis, cet homme observe un traitement qui le maintient dans une semi-normalité, et quand il se sent moins bien, il vient de lui-même me consulter pour que je le fasse hospitaliser quelques jours. J'avoue néanmoins appréhender ses visites et j'évite soigneusement de le contrarier.

J'ai réalisé que j'avais failli mourir, mais il me semble ne pas avoir eu peur, à moins que je n'en aie pas eu le temps. Pourtant, ces quelques secondes ont suffi à faire surgir le souvenir des deux fois où la mort est passée tout près de moi, au Liban.

En eau profonde

Les vibrations de mon portable sur la table de nuit m'extraient du sommeil juste avant que la sonnerie ne retentisse. Guidé par la lueur vert bleu de l'écran, je décroche, tous les sens en éveil, pressentant la gravité et l'urgence.

Un de mes patients vient de se réveiller en plein milieu de la nuit, suffoquant littéralement. Je le connais bien. Je connais aussi ses déficiences, si bien que j'ai la conviction électrisante qu'il s'agit d'un œdème aigu du poumon. La course contre le chronomètre est enclenchée. Je m'habille en vitesse, déclenche les pompiers, me précipite dans ma voiture avec mon matériel de réanimation et fonce vers Lanslebourg, le pied au plancher. Par chance, la route est sèche.

J'arrive en même temps que les pompiers ; je leur fais signe de prendre l'oxygène et le DSA[10]. Nous grimpons quatre à quatre les escaliers sombres, jusqu'à la porte entrouverte. Nous faisons irruption dans la chambre sans nous intéresser aux personnes présentes. Sur le lit en désordre, mon patient est renversé sur le côté, les lèvres cyanosées, en arrêt cardio-respiratoire.

10. Défibrillateur semi-automatique.

Quelques ordres précis, techniques, des réponses brèves, essentielles, et puis tous les gestes habituels. Le malade est allongé à plat dos, directement sur le sol en lino. Massage cardiaque entrecoupé de brèves ventilations au masque. Le DSA délivre ses instructions d'une voix autoritaire et monocorde : « Bilan en cours, ne touchez pas la victime, analyse du tracé électrique en cours… Pas d'activité cardiaque, reprenez la réanimation cardio-respiratoire. » On prépare le matériel d'intubation et on déclenche le SAMU de Modane. Oxygénation et respiration assistée au masque, préparation de la perfusion pour injection intraveineuse d'une première ampoule d'adrénaline. On se relaie toutes les deux minutes pour masser et ventiler.

Chacun connaît son rôle, sa place exacte, à l'écoute de l'autre, personne ne s'exprime sauf pour l'essentiel, on guette les signes de fatigue du voisin, seul le défibrillateur morcelle mécaniquement le silence anxieux, presque solide. Les minutes s'égrènent implacablement, sans résultat. Une petite voix intérieure me répète que la messe est dite : ce corps lourd et marbré sur lequel on s'acharne n'a plus aucun rapport avec la vie, ces yeux grands ouverts ne voient plus rien, il va falloir prendre la décision de tout arrêter, puis affronter la réaction de ceux qui attendent à côté quand on leur ôtera en une phrase, un haussement d'épaules, tout ce qui pouvait subsister d'espoir.

Pourtant le secours se poursuit avec l'intervention du confrère du SAMU. Intubation, aspiration du flot intarissable de cette eau rosée typique des noyés de l'intérieur, mise en route de la respiration assistée automatique. Sur les écrans du monitoring, les tracés restent désespérément plats. « Bilan en cours, ne touchez pas la victime, analyse du tracé électrique en cours… Défibrillation conseillée, mise en charge, éloignez-vous de la victime, appuyez maintenant. » Le corps du patient est secoué par la décharge… « Pas d'activité électrique, recommencez la réanimation cardio-respiratoire. »

Nouveaux massages sur ce thorax qui n'en peut plus, marqué par la pression énergique et inlassable des mains qui se succèdent avec rage. Servir au moins une fois à autre chose qu'à montrer à la famille qu'on a fait tout son possible…

Nouvel ordre de défibrillation, nouveau choc électrique, nouvelle ruade du corps martyrisé, nouvelle analyse du défibrillateur… Pas d'ordre de reprise de la réanimation… Un tracé électrique apparaît sur l'écran du scope, ainsi qu'une timide tension artérielle. Présence spontanée des pulsations fémorales : le cœur bat à nouveau seul.

La vie est revenue, instable, hypothétique, contre toute logique, sans doute trop tard, mais elle est revenue. Qu'est-ce qui était parti et qu'est-ce qui est revenu ? Personne, à ce moment précis, n'a la réponse. Tout cela n'est rien, tout cela est tout. La tension n'est pas retombée complètement, l'émotion reste forte. Une chose inexplicable vient de se passer et une forme d'apaisement incongru flotte dans l'air. On s'autorise finalement à parler, à plaisanter même.

Laissant mon confrère auprès du patient, je prends enfin le temps d'expliquer à l'épouse et aux enfants ce qui est arrivé, la situation encore très critique, le transport au service de réanimation de l'hôpital de Saint-Jean-de-Maurienne, avec tous les risques que cela comporte.

Mais que peut-il y avoir de plus risqué que d'avoir déjà frôlé la mort ?

J'ai l'intuition que ce sera le tout pour le tout, il n'y aura pas d'état intermédiaire, ce sera vie ou trépas. Je veux y croire, nous voulons tous y croire.

Le brancardage dans l'escalier est compliqué, mais chacun puise encore sans compter dans ses réserves de courage et d'énergie.

Nous récupérons notre matériel, le gendre du patient remet la chambre en ordre, effaçant toute trace de la bataille qui vient de se livrer.

Je rentre à la maison pour retrouver mon lit en espérant me reposer un peu avant le début des consultations, dans trois heures.

Étendu sur le dos, les yeux grands ouverts, m'efforçant de rester immobile et de m'apaiser, je revis chacun des gestes effectués. Le sommeil me prend finalement, sans transition avec cet état d'excitation résiduelle, et je passe le reste de cette nuit entre deux eaux, à masser, masser encore, à espérer, espérer encore, jusqu'à ce que, dans mon rêve, un appel m'avertisse que mon patient est finalement décédé des suites du syndrome dit de Lacaz. Je me dis que c'est un drôle de nom, mais après tout, pourquoi pas ?

Quand j'ouvre les yeux pour de bon, je comprends que le réveil n'a pas sonné, que j'ai dormi plus que prévu et que c'est mon associée qui est au cabinet ce matin.

Plus tard dans la matinée, un proche de la famille croisé dans la rue me confirmera ce que je savais déjà, intuitivement.

Fallait-il réanimer cet homme à tout prix ? Je n'ai aucun doute à ce sujet. Nous sommes intervenus pratiquement à l'instant où son cœur avait cessé de battre, avant que le cerveau n'ait eu le temps de trop souffrir, et on ne peut pas philosopher avant de prendre ce genre de décision.

Est-ce que cela a été utile, à lui, à sa famille ? J'en ai eu immédiatement la certitude, même si, au bout du compte, nous n'avons fait que retarder l'échéance. J'ai eu, comme mes amis pompiers et mon collègue du SAMU, le sentiment d'avoir redonné à ce patient et à ses proches la dignité dont ils avaient besoin.

Tout le monde a fait ce qu'il avait à faire, peut-être pas pour gagner, mais au moins pour se battre. Comme me l'a dit le lieutenant, qui est aussi un ami et, dans le civil, un vrai facteur de montagne : « Au moins, il n'est pas mort par terre comme un chien, sur le sol de sa maison, et ça, c'est important. »

Rencontre au sommet

J'ai interrompu la consultation et demandé au patient de revenir dans l'après-midi, m'excusant brièvement, sans même le raccompagner jusqu'à la porte. J'ai ensuite enfilé mon anorak, attrapé bonnet, gants et casque de ski, sac à dos d'urgence. Les grosses chaussures, je les ai toujours aux pieds, au cas où. Je ferai avec le pantalon que je porte, en velours côtelé, ni vraiment chaud ni vraiment imperméable, mais adapté au travail d'un médecin dans un environnement normal.

Il ne fait pas trop froid, le ciel est dégagé, la neige est dure, les pistes ne sont pas noires de monde, le pilote de la motoneige paraît sérieux et je suis bien calé sur le siège arrière, les mains agrippées sur les deux poignées latérales.

L'engin est puissant, la pente parfois si raide qu'il faut ouvrir les gaz au maximum pour franchir les obstacles. Sur cette neige damée d'un bleu presque sombre, le vent glacé me cingle quand on se penche dans les dévers. J'ai l'impression de tomber vers le haut le long d'une muraille.

Le pilote évite de son mieux les skieurs qui dévalent les pistes et se redresse en relâchant les gaz avant chaque changement de pente, pour prévenir les collisions au franchissement des crêtes battues par les bourrasques de neige.

La montée en altitude est à la fois rapide et interminable. Sous un blizzard mordant, on arrive au sommet de la piste dite du « goulet du Mont-Cenis » où personne ne nous attend. Il faut passer un appel radio sur un poste crépi de glace, puis descendre, les freins serrés, une pente vertigineuse bordée par un à-pic, en direction d'un groupe de pisteurs affairés autour d'une personne inanimée.

Tu gis là, en travers de la pente balayée par une poudre glacée qui s'insinue partout, sous les pans de ta chemise ouverte, sur ton thorax dénudé. Depuis plus d'une demi-heure, des mains se relaient inlassablement pour masser ton cœur arrêté.

Je te tutoie bien que je ne te connaisse pas. Je te dis « tu » parce que je te rencontre au moment où la vie te quitte, où ton corps est exposé crûment aux éléments, aux regards des pisteurs-secouristes qui se donnent sans compter et à l'angoisse des deux amis qui t'ont vu perdre connaissance d'un coup et tomber inanimé. Ils attendent sur le côté, les skis encore aux pieds.

Je te dis « tu » bien que tu sembles plus âgé que moi, parce qu'en ce moment et en ce lieu, tu incarnes la force et la fragilité de la condition humaine au passage de cette zone frontière entre la vie et la mort.

Je te dis « tu » car tu es un peu de ces rochers, de ce vent, ce ciel bleu roi, de nous qui t'entourons et qui sommes faits de la même matière que toi. En tentant de te redonner la vie, c'est nous que nous voulons sauver. Je peux me reconnaître dans ton bras dur livré aux éléments, dans ta veine que je peine à perfuser, dans tes pupilles dilatées et aréactives, dans ton cou que je comprime pour guider la sonde d'intubation, dans le regard et les gestes sans espoir de mon confrère du SMUR que l'hélicoptère vient de déposer, dans le dévouement des pisteurs-secouristes, et même dans le ralentissement des skieurs, rares, qui découvrent la scène au sortir du virage.

Et toi, mon frère, mon ami, qu'en dis-tu ? – Ne te fais pas de souci pour moi, je ne suis plus ce corps malmené, je n'ai ni froid ni mal, je n'ai plus peur non plus. J'ai déjà pris de la hauteur et le paysage est magnifique, une belle journée pour mourir. Même si tu n'as pas pu relever ta visière, à cause du vent et du froid, même si tu as dû enfiler des gants pour masser à ton tour, même si je devine que tu n'étais pas à l'aise sur la motoneige et que tu appréhendes déjà le trajet du retour, moi aussi, je me reconnais en toi et en vous tous qui m'entourez.

Tu retrouveras un peu de moi dans ton cadre de vie, dans les personnes que tu soulageras, et aussi dans celles que tu ne sauras pas soulager.

Ne te prends pas la tête et ne tarde pas à redescendre, ta salle d'attente est bondée, et tu as l'air frigorifié. La prochaine fois, prévois un pantalon plus chaud, tu ressembleras moins à un praticien arraché à son cabinet.

Et continue d'écrire, je sais que ça te fait du bien.

7e partie

APPELLE LES POMPIERS !

Ici, on est pratiquement tous volontaires, membres d'une même famille. Ici, chacun cherche sa place, en dehors de son métier, chacun confronté à soi-même et aux autres, au coude-à-coude dans une bataille pour la vie, dans un travail structuré au service de l'imprévu, de l'aléatoire, du beau ou de l'indicible.

Sur mon canif, il est gravé « courage et dévouement », formule que l'on pourrait croire naïve, destinée à ceux qui s'imaginent arrachant aux flammes des enfants ou fonçant toutes sirènes hurlantes vers le danger et la gloire.

La réalité est plus belle et plus ordinaire : nous rendons service à nos proches, connus ou inconnus, dans l'oubli de soi. Une école d'humilité, un apprentissage permanent du dépassement, des expériences inoubliables, la rencontre avec nos peurs, nos doutes, nos échecs et nos victoires partagés. En aidant l'autre, en le reconnaissant comme notre semblable, c'est nous-mêmes que nous aidons.

Décalages en série

Cette deuxième semaine d'août en compagnie des pompiers commence à 1 heure du matin par un accouchement imminent que mon associé a finalement le temps de faire descendre à la maternité en toute sécurité.

Elle se poursuit par l'arrivée à mon cabinet, avant l'ouverture, d'un ouvrier du bâtiment qui vient de recevoir une barre de fer dans l'œil.

Vers 13 heures, après une matinée chargée, je suis appelé en urgence pour une suspicion d'infarctus chez une femme jeune. Le trafic est dense pour arriver au plateau de Bessans, mais le rouge de ma voiture et le bleu de mon gyrophare me facilitent la tâche. Une heure trente plus tard, un hélicoptère ayant évacué la patiente, je suis de retour à la maison pour déjeuner sur le pouce avant la reprise des consultations.

Dans l'après-midi, elles sont interrompues par la prise en charge d'une psychotique qui a ingurgité les deux piles LR6 de son transistor, suite à une contrariété. La radiographie en confirme la présence à la base de l'œsophage.

Quant à ma soirée, elle se terminera auprès d'une adolescente, elle aussi contrariée, qui a avalé vingt-deux comprimés de paracétamol, dose hautement toxique, bien sûr.

Le mardi matin, on m'annonce une disparition la veille au soir. Quelques heures plus tard est amené dans mon cabinet un vieillard de quatre-vingt-quatorze hivers, ancien membre d'un corps d'élite de l'armée polonaise, atteint de la maladie d'Alzheimer et sourd comme un pot; il a passé la nuit, seul, en pleine forêt, sans eau ni nourriture, en costume de lin et chaussures de ville. Il ne se souvient de rien. Ses vêtements sont à peine froissés et il ne présente que quelques signes de déshydratation. En voilà un qui a gardé de sacrés réflexes de survie et un métabolisme en béton!

Au moment de partir déjeuner, un nouvel appel m'annonce un arrêt cardio-respiratoire survenu au col du Mont-Cenis. Si le diagnostic est exact, je suis quasiment sûr d'arriver trop tard. Effectivement, sur place, mes amis sapeurs ont pratiqué les gestes maintes fois répétés de la réanimation et la défibrillation, en vain. Un Italien d'âge moyen, en short et tee-shirt, est étendu sans vie à quelques mètres de sa caravane, aux pieds de sa femme et de sa fille.

Le soleil, qui s'en moque, reste radieux, et le paysage alentour outrageusement beau.

Les gendarmes arrivés entre-temps remplissent avec moi les formulaires officiels, pendant qu'une responsable de la maison franco-italienne du col propose un café à la famille.

Je n'ai pas le temps nécessaire pour m'occuper correctement de leur stress, d'autant que le centre de secours de Lanslebourg nous sollicite à nouveau pour un malaise dans un restaurant de Bonneval, tout au bout de la vallée.

Il faut plus de trente minutes pour effectuer ce trajet, gyrophare et sirène en action. Certains conducteurs, effrayés, freinent brutalement devant nous, avant de se déporter sur le bas-côté, d'autres font la sourde oreille, quand d'autres enfin, pour d'obscures raisons, font carrément obstruction.

Dans la salle du restaurant règne le désordre que provoque un tel événement en plein service, avec un attroupement apeuré et curieux autour de la victime et un vent de panique du côté des cuisines. Ce malaise s'avérant moins grave que le précédent, nous pouvons travailler dans la sérénité. Le patron, homme de cœur et de raison, nous a préparé, aux pompiers et à moi, de généreux sandwichs pain complet-beaufort-jambon cru.

Une fois la patiente confiée à mon collègue du SMUR et à l'hélicoptère, alors que je crois pouvoir redescendre enfin à Lanslevillard, je suis prévenu d'un accident encore plus haut dans la vallée, dans un chalet d'alpage au lieu-dit La Duis. Je ne peux m'empêcher de penser au cabinet bondé à cette heure de l'après-midi, à mon associé débordé et mes patients capables de m'attendre encore des heures…

C'est une fracture de cheville avec luxation, qu'il me faut réduire avant évacuation. La dame, sympathique, est de forte corpulence. Elle est tombée dans un terrain en pente, en position acrobatique, ce qui complique les opérations. Mais l'antalgique et mes aides-soignants sont efficaces, et le panorama, que je ne me prive pas de regarder, est de toute beauté.

Quand je regagne enfin le cabinet pour radiographier la cheville cassée, un embouteillage d'ambulances m'attend : une morsure de vipère, une chute en VTT – un mordu, lui aussi –, sans compter tous les patients prévus ou imprévus.

On est jeudi. Vers 13 heures, au moment où je m'apprête à détourner les appels, je dois accueillir une patiente dépressive ayant tenté de se suicider en mélangeant médicaments et alcool. Le déjeuner va de nouveau passer à l'as. L'écoute sera longue et exigeante, il va falloir trouver une solution pour cette femme, en oubliant que je manque de temps à lui consacrer et que je vais commencer mes visites en retard.

Les vendredi et samedi suivants sont chargés, mais sans urgence grave, jusqu'à un appel, tard dans la nuit, à l'aube d'un dimanche de garde.

Un chef d'entreprise niçois, récemment ponté, présente une douleur thoracique suspecte. La chambre dans laquelle il faut intervenir est minuscule, les pompiers n'ont pas de place pour manœuvrer correctement. Les lits superposés m'obligent à me casser les reins pour pratiquer un électrocardiogramme. Le patient, lui, ne m'a même pas salué, pendu qu'il est à son téléphone portable, pendant que sa femme et sa fille se chargent de me saouler de questions.

Au moment où je place le cathéter, j'ai également droit à une leçon de morale de la part du chirurgien monégasque de ce nabab, sans doute influent mais surtout mal élevé.

Cerise sur le gâteau, je me fais sermonner par le confrère urgentiste qui le réceptionne, sous prétexte que chaque seconde compte, tandis que je demande à la famille le règlement de mes honoraires.

Assis dans ma voiture tous feux éteints, la tête pleine et le dos douloureux, je tente de reprendre pied, de chasser le dégoût et la fatigue qui montent. Je songe à l'été qui promet d'être encore long et difficile en raison de la fermeture du deuxième cabinet de la station. Je pense avec émotion à ma femme et à mes enfants. Je sens mes limites de plus en plus proches, et pour la première fois me vient à l'esprit cette pensée bizarre et fulgurante : et si là, maintenant, tout de suite, c'est moi qui faisais un malaise cardiaque ?

Sainte-Barbe

Il n'est pas tard en cette fin de dimanche de novembre, mais la nuit est déjà là, l'obscurité contrariée par les phares des véhicules que la pluie et les nappes éparses de brouillard me renvoient avec un effet pulsatile hypnotique et épuisant.

Pour ne pas m'assoupir et remettre un peu d'ordre dans mes pensées, j'ai introduit dans le lecteur l'un des CD échoués dans le vide-poche de la portière.

Françoise Hardy et Alain Delon, pour une fois juste et sobre, s'invitent par hasard à mon bord : « *La vie est faite de morceaux qui ne se joignent pas*[11]… »

11. « Modern Style », chanson créée par Jean Bart en 1995, reprise en duo, avec Alain Delon, par Françoise Hardy sur son album *Parenthèses*, 2006.

Au vu du déroulement chaotique de la journée, cette idée me semble assez juste.

Elle avait pourtant bien commencé, avec la fête de la Sainte-Barbe qui réunit traditionnellement les pompiers, presque tous volontaires, des villages du canton. L'occasion, cette année, de remettre une médaille à l'un d'entre nous pour vingt ans de bons et loyaux services. Les discours commencent à peine que la stridulation des bips d'urgence se fait entendre. L'équipe de garde part aussitôt en intervention ou « en décalage » dans le langage pompier. Je ne suis pas de service, mais mon intuition me dit que je vais devoir intervenir… On entame le deuxième discours, quand une jeune pompière tombe d'un coup, sans connaissance, comme une quille renversée au milieu de la rangée impeccable de ses collègues. À peine un instant de flou, avant que j'intervienne, en même temps que ma consœur de Lanslebourg. Puisqu'elle est de garde et que le malaise paraît bénin, c'est elle qui prend les choses en main.

Les discours se poursuivent, devant une assistance qui n'écoute plus vraiment. Et moi non plus d'ailleurs, puisque j'ai le temps de me renseigner sur la raison du premier décalage et d'apprendre qu'aucun médecin ne peut se rendre sur place. Je « décale » donc à mon tour avec le chef de corps de mon village.

Des voisins ont découvert l'un de mes patients inanimé, victime d'un accident vasculaire cérébral. Impossible d'obtenir le centre 15, débordé par la grippe H1N1. Le bilan clinique sur place se révèle aussi inquiétant que redouté : patient en coma Glasgow à 8, probablement resté à terre pendant plusieurs heures. Pas de thrombolyse envisageable, mais après réanimation et médicalisation, ses symptômes s'améliorent. Je cherche une place en neurovasculaire à Grenoble ou Annecy, en même temps que j'explique à la famille la gravité de la situation. Quand l'urgentiste du SMUR prend le relais, mon patient a recouvré une partie de sa conscience et me serre longuement la main. Un geste affectueux et apaisant pour nous deux.

Je peux m'en retourner à la salle des fêtes de Termignon où le déjeuner est de qualité, avec un petit arrière-goût d'inquiétude, d'autant que l'équipe partie à Saint-Jean-de-Maurienne tarde à revenir, faute d'hélicoptère. Heureusement, les pompiers de Bessans nous mettent en joie avec leur parodie de *Full Monty*, interprétée par des montagnards costauds, le torse blanc et la panse rebondie, à la fois hilares, intimidés et fiers de leur coup.

« *La vie est faite de morceaux qui ne se joignent pas, mademoiselle Brown. Et le cœur se déchire quand les chiens sont lâchés. Amour, amour…* »

Les nouvelles que j'ai pu obtenir avant de partir pour Chambéry sont mauvaises. L'état de mon patient s'est aggravé pendant le transport, signe d'une probable hémorragie cérébrale. Comment ne pas penser aux souffrances qu'une évolution funeste entraînerait pour ses proches ? Je connais le conflit qui oppose frères et sœurs pour des motifs matériels, mais pas seulement. Une situation inextricable qui m'implique en me laissant un sentiment d'impuissance.

« *L'imminence de nos peurs, qu'elle crée de douleurs !* »

J'arrive au niveau d'Aiguebelle avec une visibilité réduite malgré les feux antibrouillard. La pluie s'est transformée en un crachin serré. Deux jours de stage pratique en traumatologie m'attendent à Chambéry.

Mes réflexions tournent en rond, glissant vers des pensées plus sombres, dans les zones interdites du découragement et des interrogations dangereuses.

Quoi qu'en dise mon sauveur attitré, mes artères cérébrales à moi sont-elles suffisamment consolidées pour mener à bien tout ce qu'il me reste à faire, pour aimer encore autant que je le dois et être aimé autant que faire se peut ?

Qu'ai-je le droit de faire supporter à mon entourage, jusqu'où puis-je aller trop loin ?

« *À la guerre comme à l'amour, il faut cueillir tel quel le prochain jour, et dans l'absolu de l'horreur, exprimer la secrète douceur, de toute blessure à mort, qui n'est pas là encore.* »

La pluie a cessé, le brouillard s'est dissipé. La chaussée est presque sèche quand je quitte l'autoroute après la sortie de la Combe de Savoie, pour monter vers le village de Saint-Baldoph où mon ancienne associée et son mari ont la gentillesse de m'héberger à la veille de mon stage.

Le paysage des vignobles pentus d'Apremont est fantomatique et néanmoins rassérénant. Quelques virages serrés, un habitat de plus en plus dispersé, je surplombe le panorama scintillant du bassin chambérien. Me voilà à destination. Cette fois-ci, Françoise Hardy chante en duo avec Jacques Dutronc : « *L'amour ce n'est pas comme le charbon, vous n'en épuisez jamais le filon, l'amour c'est plutôt comme le béton, un matériau de construction.*[12] »

---

12. « Amour toujours, tendresse, caresses… », chanson de l'album *Parenthèses*.

Nuit d'ivresses

Depuis plus d'un mois mon collègue de Lanslebourg a fermé son cabinet, sans trouver repreneur, me laissant seul à la barre, de jour comme de nuit, pour assurer la couverture médicale de toute la vallée, dans l'indifférence générale et sans un début de solution à l'horizon.

Je me réveille parfois la nuit, oppressé par cette responsabilité de la santé non seulement de tous les habitants de ce large territoire, mais aussi des personnes de passage dans notre région, ignorantes du problème.

J'aurais envie d'installer de grandes pancartes sur le bord de la route pour leur dire de rebrousser chemin. « Vallée dangereuse ! Accès à vos risques et périls ! » Je n'ai pas les épaules assez solides pour supporter seul tout cela.

Entre sommeil profond et vigilance, quelques cauchemars sans grand intérêt : une nuit comme les autres. Je suis réveillé brutalement, par une réalité bien tangible : véhicule accidenté au niveau du col du Mont-Cenis, avec à bord deux jeunes de retour de la fête de la bière à Turin. Ces informations, je les obtiendrai sur place. Bien loin de là, le centre 15, qui m'a dépêché, n'a pas su me dire grand-chose sur l'intervention qui m'attend. Il est installé à Chambéry, une ville normale, avec des hôpitaux, des médecins partout et un permanencier qui ne sait peut-être pas où se situe la Haute-Maurienne…

Un ciel étoilé superbe défile entre les rangées de pins et de mélèzes qui longent la route du col. Personne d'autre que moi et mes pensées contrastées, à part peut-être un cerf solitaire planqué dans les sous-bois en train de travailler son brame…

Juste après les premiers virages en surplomb du lac, en pleine ligne droite, une voiture est renversée sur le terre-plein, du bon côté heureusement, et deux silhouettes me font des grands signes. Ce sont deux jeunes du pays, bien imbibés et passablement excités, mais, à première vue, entiers. « On a voulu faire vite pour appeler les secours et on s'est foutus en l'air. Le vrai accident, c'est plus bas, après le poste-frontière, en bas de la route des Échelles, au bout de la ligne droite. Faites vite, docteur ! Je crois que c'est grave. »

Je passe le Plan des Fontainettes, avec l'église en forme de pyramide, les virages qui conduisent sous le barrage, le petit hameau en ruine de Sainte-Croix, le poste frontière, déserté, barrière levée, puis les lacets serrés plongeant sur la petite retenue du côté italien.

Le véhicule est encastré dans les derniers plots en béton. Il y a beaucoup de monde autour : les pompiers français et leur VSAB, l'ambulance du Pronto Soccorso de Susa. Le conducteur de la voiture accidentée, choqué mais dégrisé par la peur, est miraculeusement indemne. Rapidement examiné, il explique que son copain, assoupi sur le siège passager, croyant voir un lapin sur la chaussée, a donné un coup de volant. Il n'avait pas sa ceinture de sécurité et a pris la barrière de sécurité plein cadre. Traumatisme crânien, plaies faciales multiples, traumatisme thoracique et abdominal, coma grave Glasgow à 6, constantes inquiétantes. Je sais que lui aussi est un gars de la vallée, mais amoché comme il est, je n'arrive pas à l'identifier.

Dans la cabine du SAMU italien règne une ambiance de médecine de guerre. Mes confrères parlent un français impeccable. On échange des avis, dans un respect mutuel. Perfusion, oxygénation, intubation… les constantes se stabilisent, petite note d'espoir. Quel soulagement de ne pas m'être retrouvé seul à gérer la situation !

L'hélicoptère du SMUR arrive enfin, alors que l'aube pointe, et se pose en douceur, un peu plus haut, dans un virage large faisant office de Dropping Zone, sous une lumière rosée et un froid vif. Au moment du transfert du blessé dans le matelas coquille de l'hélico, j'ai l'estomac serré en voyant la quantité de sang sur le brancard. Et je regarde, inquiet, l'engin décoller, destination la neurochirurgie du CHU de Grenoble.

Un moment encore pour rassurer le rescapé de mon mieux, organiser son transport vers Saint-Jean et reprendre le volant. La tension commence à retomber, la fatigue prend le dessus.

Sur ces entrefaites, un véhicule de pompiers tout juste arrivé me transmet un nouvel appel du 15 – la radio ne passe pas au niveau du col et les messages sont envoyés de véhicule à véhicule – : une troisième voiture, aux occupants pareillement alcoolisés, est partie dans le décor lorsqu'ils ont voulu prévenir les secours, et un peu plus loin, un quatrième équipage, du même tonneau et pour les mêmes raisons, s'est vautré lui aussi, plus bas dans la vallée, entre Termignon et Sollières !

C'est une belle journée qui débute, le ciel est d'un bleu parfait, le lac en beauté, on est dimanche, l'avenir n'est peut-être pas si sombre. Au diable, la fête de la bière ! Et au boulot ! Toi, esprit de la montagne, mon ange gardien, reste à portée, il y a du pain sur la planche !

Pour de faux

Depuis quelques semaines, je suis dans le secret des dieux, averti par les autorités de l'imminence d'une catastrophe aérienne dans un lieu encore indéterminé des montagnes de Haute-Maurienne.

Tous les chefs de corps du département, les SAMU et les médecins pompiers ont été prévenus comme moi de ce prochain Plan rouge.

J'ai déjà participé à un exercice de ce type, qui simulait un accident entre deux autocars à la sortie du tunnel d'Aiguebelle. Comme beaucoup de mes collègues présents, j'y avais fait de la figuration médicale. Mais cette fois-ci, je devrais être en première ligne, dans un cadre connu et de première catégorie.

Au jour J, je suis fin prêt, quelque peu ridicule, engoncé dans ma tenue d'intervention, le large ceinturon noir masquant en partie ma brioche naissante, et la casquette rouge pour l'instant planquée dans la poche.

J'ai reporté mes rendez-vous de l'après-midi, et les quelques patients que j'ai eu le temps d'examiner en début de matinée ont paru plus amusés qu'impressionnés par mon nouveau look et mon excitation.

Comme j'ai reçu pour consigne d'attendre l'appel téléphonique de déclenchement d'alerte, je ronge mon frein en entendant le concert des sirènes. Dans la réalité, j'aurais filé depuis belle lurette avec ma voiture et mon matériel d'urgence, à la suite du premier véhicule de secours.

C'est ce que je fais finalement en fin de matinée, apprenant que tout le département est déjà sur les lieux.

À la sortie de Bessans, près du centre de vacances La Bessannaise, une impressionnante infrastructure a été montée, avec une débauche de tentes médicalisées, de véhicules de pompiers et de SMUR, ainsi qu'un Q. G. en dur, à une trentaine de mètres d'un champ large et plat, aménagé en aire d'atterrissage pour les hélicoptères qui tournent dans un assourdissant ballet de pales et de turbines.

Repérant des confrères du bas de la vallée, je décide de les suivre dans leur slalom imposé par les ordres et contrordres. Comme eux, je me retrouve bientôt harnaché d'un énorme sac à dos bleu contenant, en ce qui me concerne, deux grandes bouteilles d'oxygène. Leur poids est tel qu'il me semble que mes vertèbres lombaires vont s'écraser si j'adopte une autre position que la stricte verticalité. D'autant qu'il va certainement m'être demandé de me déplacer rapidement, en terrain accidenté et en altitude.

Le visage violacé de mon voisin qui, lui, porte un monstrueux sac rouge, me rassure partiellement sur ma condition physique, mais me laisse dubitatif quant à notre efficacité sur le terrain.

C'est pourtant au pas de course, les poumons ratatinés au fond de la gorge, que nous devons nous rendre sur la DZ où un hélicoptère Super Puma nous attend dans la puanteur de ses turbines hurlantes, consumant le peu d'air qui nous restait. Je me hisse en premier dans la carlingue et me débarrasse de ma charge, pour aider mes compagnons à prendre place à mes côtés sur une longue banquette, face à la porte que le dernier referme alors que nous nous élevons déjà dans les airs.

Je ressens la montée en altitude plus que je la constate, du fait de l'étroitesse de notre champ de vision. Après quelques minutes de vol, c'est l'impression de bascule vers la gauche qui m'annonce l'atterrissage imminent. Mais quelques secondes avant de toucher le sol, un mouvement brusque nous plaque sur notre assise, un peu comme le coup de pied aux fesses que je prenais enfant lorsque je m'amusais à toucher les enclos électrifiés. Sans explication sur cette secousse, nous voilà de nouveau sur la terre ferme, avec l'ordre de nous extraire *illico* de l'appareil. Je m'éloigne aussi rapidement que mes jambes et mon encombrant matériel me le permettent, pour laisser notre transporteur redécoller. À la faveur d'une pause pour reprendre mon souffle, je reste subjugué par le décor qui s'offre à mes yeux.

À une centaine de mètres du front du glacier de la Bessannaise, sur son flanc droit, au niveau des dernières prairies d'alpage, s'ouvre un immense cirque aux gradins de roches, d'herbe nouvelle et de neiges éternelles, sous un ciel d'un bleu infiniment profond. L'air y a un parfum d'absolu, c'est un espace de beauté inouïe, de certitude sereine, où l'homme est fatalement un intrus.

Autant dire que les aigles et les chamois doivent regarder de travers l'armada d'hélicoptères qui effectuent rotation sur rotation, débarquant hommes et matériels sous la zone du crash d'un avion de ligne, supposé être survenu il y a plus de trois heures.

Des pompiers nous aident à porter nos sacs et nous expliquent notre rôle dans cette fourmilière. J'ai gardé en bandoulière ma trousse d'urgence personnelle pour monter vers les blessés dont j'ai la charge, mais l'altitude m'oblige à puiser l'oxygène jusqu'au tréfonds de mes alvéoles pulmonaires.

Parmi mes trois victimes – deux hôtesses de l'air et un militaire –, deux sont gravement atteintes, avec brûlures des membres et de la face, fracture du bassin, hémorragie interne, la troisième étant en état de choc. Cela ne les empêche pas d'être tout à fait souriants, et les deux femmes plutôt charmantes. Leurs blessures sont évidemment virtuelles. La plupart des pseudo-blessés ont passé la nuit à la belle étoile, au chaud dans les gros sacs de couchage de l'armée. Ils ont savouré un lever de soleil magnifique et sont ravis de la météo exceptionnellement clémente – une semaine plus tôt, ils auraient été sous la neige et en plein brouillard.

Chacun porte, accrochée autour cou, une fiche plastifiée décrivant ses blessures supposées ainsi que l'évolution de son état clinique, pour que je puisse agir en conséquence. Le plus gravement atteint est d'ailleurs maintenant considéré comme décédé. Il va être pris en charge par des bidasses qui transpirent pour brancarder les cadavres ; les tâches les plus ingrates sont classiquement dévolues aux subalternes.

Mes deux survivants sont coquillés, médicalisés et monitorés pour être descendus sur une étroite zone en dévers, puis évacués avec d'autres, par groupes de deux ou trois, dans une Alouette ou une Gazelle, vers l'« hôpital de campagne » du plateau de Bessans où sera effectué un nouveau triage.

La manœuvre est à chaque fois délicate, aucunement virtuelle, et la concentration des pilotes doit être bien réelle quand il s'agit de maintenir l'appareil en vol stationnaire à quelques centimètres de la pente. Il faut charger la victime en quelques secondes, en restant accroupi pour éviter le balayage des pales.

Comme il n'est pas prévu que j'accompagne mes victimes, je descends attendre mon tour à proximité d'huiles et de journalistes rassemblés sur un terrain plus accessible. Je les trouve bien déplacés au milieu de ces manœuvres en haute montagne. Les reporters entourent un citadin blafard en loden vert, dont la présence a sans doute mobilisé hommes et pilotes au détriment des secours, quand bien même ils sont fictifs. Il paraît que c'est un préfet… Aurait-on eu l'honneur de sa visite s'il avait fait mauvais ou si la catastrophe s'était réellement produite ?

En attendant, j'ai la chance de faire la connaissance d'une petite femme, énergique et intelligente, qui se présente comme la colonelle responsable de la logistique militaire du Plan rouge. J'accepte volontiers le retour proposé à bord de son Écureuil, tout content de prolonger la conversation en admirant le paysage fabuleux. La cabine largement vitrée permet de profiter de chaque détail du panorama qui défile sous l'appareil : les chalets d'alpage avec leurs murs de pierres sèches et leurs toits de lauzes, les moutons rassemblés dans les enclos, le sentier étroit qui plonge vers la vallée, les pentes abruptes et les névés mouchetant les versants mal exposés et, beaucoup plus bas, le hameau du Villaron et le village de Bessans lovés dans les méandres de l'Arc.

Autour du Q. G. s'est agglutinée une foule compacte et bruyante au milieu de laquelle je repère le préfet cerné de gradés de tout poil, pompiers et militaires, et de quelques représentants des télés et radios locales.

Un dernier tour dans les tentes surchauffées du mal nommé « hôpital de campagne » pour saluer mes collègues rescapés de ces grandes manœuvres, un ultime regard vers la montagne qui va enfin retrouver le calme, et je reprends ma voiture pour rentrer au bercail.

Ce plan, qui a mobilisé un monde fou, coûté fort cher et impressionné ceux qui devaient l'être, a surtout montré ses failles.

Je n'ose imaginer, ou plutôt j'imagine trop bien l'effroyable réalité d'une telle catastrophe, dans une zone où les communications ne passent pas, dans des conditions climatiques difficiles, et moi, face à des corps déchiquetés, des survivants agonisants, seul avec mon petit matériel d'urgence et mes jambes de poulet…

On pourrait considérer tout cela comme un jeu, mais ce serait oublier les risques pris lors des rotations aériennes. Un ami pompier, témoin de notre atterrissage agité, me dira qu'il avait eu froid dans le dos en voyant le Super Puma dans lequel je me trouvais, éviter d'un cheveu la collision avec une Gazelle.

Colère froide

C'est à 5 heures du matin, alors que la nuit est encore noire et la neige tombée en abondance, que le centre 15 me transmet la demande conjointe de la gendarmerie et des pompiers. Encore une histoire de cuite ?

Nous nous retrouvons un peu avant la sortie amont du village, en bord de route, derrière le VSAV[13] (dénomination récente du VSAB). Les gars du chasse-neige ont manqué de lui passer sur le corps, étendu qu'il était en travers de la chaussée, presque recouvert par la couche fraîchement accumulée, dans un état d'inconscience éthylique avancé.

Dans le fourgon qui empeste l'éthanol, le tabac froid, le bien nommé *shit*, le vomi et les gaz d'échappement, il est allongé sur le matelas coquille orange, les jambes repliées, ses godillots souillant le drap, les cheveux en bataille, le visage bouffi et violacé, plus vif que mort. Il a le regard perdu du toxico chronique.

L'examen clinique est compliqué : je suis de mauvaise humeur et mal réveillé, lui est agressif et grossier, hermétique au dialogue, même basique. Les gendarmes n'ont rien pu en tirer, ils veulent le garder en cellule de dégrisement à Lanslebourg. Les pompiers, quant à eux, ne sont pas chauds pour le transporter à Saint-Jean, sachant que cela les monopolisera pendant deux bonnes heures et qu'il sera ensuite lâché dans la nature, comme à chaque fois dans ces cas-là. On me demande un certificat de non-contre-indication au placement en cellule, que je refuse, en insistant au contraire sur la nécessité de le surveiller, même si le risque médical à court terme

13. Véhicule de secours et d'assistance aux victimes.

n'est pas majeur. Je reste ferme sur ma position malgré la réticence des autorités et la fatigue de mes collègues pompiers.

Tout le monde a la conviction de n'avoir servi à rien, et moi, celle d'avoir pris en charge une coque vide. Pas de contact, pas d'émotion, pas d'évolution, pas de médicalisation, pas d'espérance ni de désir de vivre, pas d'avenir – c'est lui qui me l'a dit. Je le sens déjà perdu, hors d'atteinte, définitivement inaccessible.

Je retourne chez moi, vers mon confort douillet et mes fausses certitudes, furieux contre moi, furieux contre lui, avec dans la tête l'idée dérangeante que, d'une manière ou d'une autre, c'est à une part de moi-même que je viens d'être confronté.

Un dernier pour la route

En remontant de Saint-Jean, où il a vu le médecin alcoologue, il traverse Lanslevillard à plus de 80 kilomètres à l'heure et trouve sur sa route des bacs à fleurs en ciment qu'il percute de plein fouet.

Pour être plus précis, il faudrait ajouter qu'il a consulté le confrère en début de matinée, qu'il est à présent presque minuit, qu'il a dans le coffre de sa voiture une cargaison de bouteilles de vin, et dans le sang un taux d'alcool au-dessus du plafond.

On le dégage des éclats confondus de verre du pare-brise et des bouteilles, dans la puanteur entêtante du gros rouge qui ensanglante la chaussée.

Un miracle qu'il soit arrivé jusque-là sans tuer personne.

C'est un patient bien connu pour des problèmes que l'on nomme pudiquement « intempérance », pour ne pas dire alcoolisme chronique sévère, réfractaire à toute proposition de traitement ou d'aide au sevrage.

Sous la lumière blafarde du véhicule des pompiers, il semble avoir cent ans, les traits creusés par la fatigue, par l'imprégnation et par le choc. Il cumule plaie du poumon droit sur lésions costales, fracture du coude, entorse cervicale et large entaille du scalp. Il reste pourtant vaillant et bien présent à l'interrogatoire, et quand je lui demande son âge, il répond : « Mais, toubib, vous l'avez quand même pas oublié ? On est conscrits ! » Devant son visage de vieillard avant l'heure, j'ai soudain honte d'avoir posé la question, d'autant qu'il a eu le temps de deviner dans mon regard mon découragement et mon impuissance face à sa maladie. J'ai souvent parlé avec lui de son problème d'alcool et je lui ai maintes fois proposé que nous travaillions ensemble pour qu'il remonte la pente, en vain.

Il s'est consciencieusement détruit au fil des années, n'arrivant pas à comprendre ni accepter sa maladie. Il vit comme un clochard, refuse tout contact avec son voisinage, ne travaille plus, accumule les accidents, descendant chaque jour un peu plus vers la déchéance, son foie malade ne lui laissant à vivre que quelques mois, une année tout au plus. Ses consultations à l'hôpital sont l'occasion de se ravitailler en alcool au passage.

« Vous avez bien raison, toubib, je suis juste bon à faire des conneries, et maintenant, je risque la vie des autres. » Je n'avais pourtant fait aucun commentaire, mais mon silence devait être éloquent.

Personne ne pourra dire si c'est à ce moment que le déclic s'est produit, toujours est-il que depuis cet accident, il a décidé de se battre, sans illusion peut-être, mais enfin avec le désir de vivre. Il a passé l'épreuve de la greffe de foie avec un succès inespéré. Il est désormais abstinent et a retrouvé la fierté qu'il pensait à jamais perdue.

Bien sûr, il n'est ni le premier ni le dernier à s'être fait prendre au piège. Les malades de l'alcool courent les rues et les bars, et chaque cas signifie des années de souffrance, des montagnes de patience englouties dans le fond d'un verre, des quotidiens invivables, du sordide au jour le jour, et une pathologie rarement reconnue.

Image tenace de l'alcool gai et libérateur : les verres indispensables à la bonne ambiance. Puissance des lobbys pour glorifier le coq français, joyeux buveur et roi de la bonne cuite.

Je connais, moi, la triste réalité des soirées qui finissent dans la violence, les plaies à coups de bouteille, les sutures en pleine nuit sur des blessés agressifs, les comas éthyliques et le vomi partout, les petits canons qui réveillent les propos racistes, les patients récupérés en hypothermie dans la neige, écroulés entre deux voitures sur les parkings des boîtes de nuit, et ces pathétiques imbéciles qui incitent à boire plus accros qu'eux, dans le jeu criminel de la surenchère, du mépris.

J'ai le souvenir pénible de ces deux bidasses retrouvés morts dans un fossé, fauchés en pleine jeunesse, après avoir bu chacun une bouteille de pastis – merci monsieur Ricard ! – sur un pari idiot de départ en quille.

J'ai une véritable aversion, non pas pour les patients alcooliques, mais pour l'alcool lui-même, à tel point qu'il suffit d'un fond de verre pour me rendre malade.

Mais j'ai aussi de copieuses réserves de hargne et d'entêtement pour aider mes patients, lorsqu'ils ont enfin accepté la perspective de donner le coup de pied salvateur qui pourrait les ramener à la surface.

8e partie

JOURNÉES FOLLES, NUITS BLANCHES

Quand le quotidien s'emballe, quand la puissance de la tâche menace de me renverser, érode mes murailles, sape mes forces, s'insinue dans les fissures, je m'arc-boute pour suivre le mouvement, supporter l'apnée, trouver de nouvelles prises, fuir les turbulences, assurer mes appuis, pactiser avec la fatigue.

Comme au cœur d'un cyclone, je m'efforce de rester lucide, vigilant, calme, dans la puissance de l'instant, spectateur et acteur privilégiés, avant que le tourbillon ne m'emporte à nouveau.

Sans trêve ni repos

La nuit a été particulièrement hachée par des appels répétés et pas vraiment justifiés, sans pause pour récupérer : une fièvre qui dure depuis deux jours, un genou douloureux après un accident la veille, un enfant qui pleure à cause d'une poussée dentaire et empêche ses parents de dormir… Pas de vrai stress médical ni de quoi faire sonner la sirène, mais chaque fois, quand même, la nécessité de vérifier que la situation apparemment banale ne cache rien de plus sérieux.

Chaque fois donc, ressortir du lit, me rhabiller à la hâte, en essayant de ne pas réveiller la maisonnée, rejoindre l'habitacle glacé de la voiture, les routes enneigées ou verglacées – ou parfois les deux –, retrouver des idées claires, d'abord pour ne pas m'envoyer dans le décor, ensuite pour établir un diagnostic correct, et surtout garder mon calme alors que l'appel était vraiment abusif.

Puis retourner me coucher, l'esprit complètement en éveil, avec la double crainte d'être à nouveau sollicité et de ne pas arriver à me rendormir. Me persuader qu'à défaut de m'endormir, mieux vaut laisser mon esprit vagabonder, penser à des choses agréables ; c'est souvent dans ces moments qu'apparaissent les solutions limpides à des problèmes que je pensais insolubles.

Après le chant du coq électronique, le petit déjeuner pris dans le brouillard, et les gestes en mode automatique.

En arrivant au cabinet, je retrouve les habitués du pays qui m'attendent déjà devant la porte, frais comme des truites sauvages, impatients d'être pris en consultation avant la ruée des touristes, qui se lèvent, eux, bien après l'heure de la première traite.

Pas question d'avoir l'esprit ailleurs ni de rêver d'oreiller, chaque patient est unique et mérite le meilleur, même pour des pathologies qui pourraient sembler mineures ou répétitives. Il n'existe pas d'ordonnance type ni de « fast diagnostic ».

La matinée s'écoule relativement vite et l'abondance du travail masque la fatigue, la repousse à plus tard.

Comme chaque mercredi après-midi, j'assure une permanence à l'école de Bonneval, et je sais déjà que j'ai beaucoup de visites à faire dans le village. Comme j'ai terminé tard au cabinet, il ne me reste qu'une petite demi-heure pour passer à la maison, déjeuner et faire le trajet jusqu'au bout de la vallée.

Coup de fil à ma moitié pour qu'elle me prépare de quoi manger dans la voiture, la bise entre deux portes, le sandwich au fromage avalé à l'entonnoir, comme les oies que l'on gave, un œil sur la route et l'autre pour vérifier que je n'avale pas le papier alu, la pomme qui roule sous les pédales dans les virages du col de la Madeleine, la banane dont l'odeur acétonique a envahi l'habitacle et que je n'aurai ni le temps ni l'envie d'avaler…

Quand je passe la porte de l'école, à la vue des patients agglutinés dans l'escalier, je sais déjà que je n'aurai pas le loisir de traîner là non plus.

La permanence enfin terminée, avec la bandoulière de ma sacoche qui me scie l'épaule, je m'oblige à presser le pas dans les rues du village, sans un regard pour les touristes que je croise, trop occupé à choisir l'itinéraire qui me fera gagner quelques précieuses minutes.

Puis le passage répété du froid extérieur à la chaleur pesante des maisons anciennes, les habits épais qu'il faut chaque fois quitter et remettre, le matériel qu'il faut déballer puis replacer dans la trousse, les discussions que je dois limiter au minimum syndical, faute de temps, encore une fois, et le café refusé à contrecœur pour espérer dormir la nuit prochaine.

Sur le trajet du retour, la fatigue resurgit par vagues, avec des envies de pleurer, de m'arrêter pour dormir, des maux de tête lancinants et la sensation d'être assis à côté de moi.

Étape à la pharmacie pour déposer dans la boîte aux lettres les ordonnances des patients visités, afin qu'ils puissent récupérer et payer leurs médicaments le lendemain au bureau d'accueil de leur village. Je n'entre pas dans l'officine, pour ne pas perdre de temps, mais surtout pour éviter le manque chronique d'amabilité du pharmacien.

La reprise des consultations au cabinet est interrompue par un appel du 15 pour un malaise cardiaque chez une personne âgée. Il me faut repartir sur les chapeaux de roue, avec valise d'urgence, trousse à oxygène, appareil à électrocardiogramme et vigilance redoublée.

Sur place, gérer le stress ambiant, confirmer l'infarctus, faire démarrer les pompiers de Lanslebourg-Lanslevillard et le médecin du SMUR de Saint-Jean-de-Maurienne, perfuser, oxygéner, médicaliser, expliquer et, en même temps, rassurer, tout en surveillant l'évolution clinique jusqu'au passage de relais avec le collègue urgentiste.

Reprendre ensuite les consultations en laissant la tension retomber, le temps d'une tasse de thé avec mon associé et notre secrétaire, et de raconter en quelques mots les soucis de la nuit et de la dernière urgence.

À la maison, les enfants qui guettent mon arrivée en haut de l'escalier, impatients de me raconter leur journée, tandis que leur mère ne sait pas s'il faut vraiment m'attendre.

Le repas est odorant et copieux, et je n'ose pas dire que je ne suis pas certain d'avoir faim.

Comme j'assure le début de la garde de nuit, je préfère ne pas me coucher trop tôt et profiter un peu de ma famille en regardant un bon film, tous les quatre serrés sur le canapé en velours gris du salon.

Quelques minutes avant la relève, le téléphone retentit pour une demande de visite urgente à Bessans.

Le courage me manque. Je préférerais lâchement passer la main à mon associé dont la garde est imminente, mais l'anxiété et la souffrance dans la voix de ma correspondante me font capituler. Son mari, opéré récemment d'une tumeur digestive, a de fortes douleurs, sans localisation précise, mais refuse tout médicament et me fait dire qu'il n'était pas d'accord pour que son épouse m'appelle, surtout à une heure si tardive.

Je reprends ma voiture, partagé entre lassitude et inquiétude, mais aussi piqué au vif par la prémonition d'une rencontre importante.

Le premier contact est rugueux, avec un patient entêté et agressif. C'est un homme entre deux âges, qui a dû être habitué à commander et à tout intellectualiser, mais qui n'a pas appris à communiquer. Il a une lésion de mauvais pronostic, et il le sait. Il parle de sa maladie et de lui-même seulement en termes techniques, avec gêne et dégoût. L'examen ne révèle pas d'urgence organique. Visiblement, ses douleurs physiques sont le seul moyen qu'il s'autorise pour exprimer sa peur, de la mort et de la souffrance bien sûr, mais sans doute aussi autre chose que je suis bien décidé à comprendre.

À présent, je sais être capable de prendre le temps qu'il faudra, j'ai toute l'énergie nécessaire et la sérénité pour tenter de gagner sa confiance. L'enjeu est trop important pour que je ne donne pas le meilleur.

La discussion sera longue, tranquille, franche, et les vannes s'ouvriront enfin, laissant se déverser des mots libérateurs, sous le secret de la consultation.

Je peux retourner me coucher, pour de bon cette fois, lavé de toute tension, de toute fatigue.

Ce malade m'a fait du bien, il m'a aidé, sans en avoir conscience, sans doute.

Demain, il faudra recommencer de la même façon. Mais, c'est bien connu, demain est un autre jour.

Commedia dell'arte

Je le rencontre une première fois, en urgence, pour une pseudo-crise cardiaque, dans une chambre de centre de vacances encombrée de chaussettes sales et d'adolescentes excitées. Il en fait des tonnes, galvanisé par l'assistance, sur le registre « je meurs, je meurs, je ne peux plus respirer, je suis paralysé », avec force mouvements de bras et de jambes.

Une fois les groupies évacuées, le calme revient et j'explique à mon impatient qu'il n'a rien de grave, que c'est une manifestation d'anxiété et qu'un traitement simple doublé d'une journée de repos fera tout rentrer dans l'ordre. Après avoir rassuré le responsable du groupe, je lui indique la conduite à tenir en cas de nouvelle crise.

L'après-midi même, je suis appelé en catastrophe pour une personne retrouvée sans connaissance, affalée sur une table du restaurant d'altitude. On me parle d'arrêt cardiaque et de bouche-à-bouche.

Aussi vite que je peux, tout en évitant d'écraser qui que ce soit, je fonce au départ de la télécabine où je me gare en double file, shunte la file d'attente des skieurs et, avec la bénédiction du contrôleur de forfaits, embarque avec tout mon attirail dans la première cabine en partance. Il faut douze minutes pour arriver sous le restaurant d'altitude de La Fema. Le temps de souffler un peu, d'admirer le paysage enneigé en naviguant par-dessus les arbres, et de me préparer à l'intervention. Je n'aime pas travailler au milieu de personnes qui n'en ont rien à faire ou qui, au contraire, se délectent du spectacle sans se priver de commentaires et de critiques.

La montée à pied vers le restaurant est un peu périlleuse car la pente est raide et mes chaussures accrochent mal sur cette neige damée par les skieurs et les surfeurs qui slaloment pour m'éviter.

La terrasse est bondée de vacanciers hébétés de soleil et de ski, en t-shirt, le visage rougi et les lèvres blanchies.

Dans la salle, pleine à craquer, chacun avale qui son steak-frites, qui ses pâtes bolognaise, sans se préoccuper d'une table autour de laquelle s'agitent plusieurs pisteurs-secouristes, tandis que la serveuse fait le bouche-à-bouche à – vous l'aviez deviné – mon excité de la matinée.

Il alterne des phases d'agitation, épileptiformes, avec des périodes de pseudo-inconscience, s'adaptant aux diverses manœuvres de réanimation. Heureusement pour lui que personne n'a tenté de massage cardiaque !

Il refuse bien sûr de communiquer avec moi qui cherche à lui faire comprendre que s'il ne coopère pas, je serai contraint de le médicaliser et de le faire évacuer vers l'hôpital par hélico. Examen neurologique polymorphe et discordant, bilan vital normal.

Je pose une perfusion malgré ses simulacres d'arrachement, et le voilà enfin coquillé et solidement sanglé, prêt à embarquer dans l'Alouette 3 des gendarmes qui vient d'atterrir sur un replat, une cinquantaine de mètres plus loin.

Au moment d'être hissé dans la cabine, voilà que ses esprits lui reviennent comme par magie et qu'il assure aller bien et ne pas vouloir être hospitalisé.

Un échange de regards avec le médecin du SMUR nous suffit : « Trop tard, mon coco, tu as mobilisé suffisamment de monde à toi tout seul, un petit séjour hospitalier te fera le plus grand bien ! »

Je pensais être définitivement débarrassé de lui, mais un coup de téléphone, tard dans la nuit, le rappelle à mon bon souvenir.

C'est l'hôpital. L'interne, un peu gêné, s'excuse de me déranger : « Je voulais quand même vous avertir que votre patient a quitté le service sans prévenir, et en chaussettes, ses chaussures étant probablement restées sur le lieu de son évacuation. »

Vols au-dessus de nids de coucous

La saison se termine tranquillement. Les premiers bourgeons gonflent sur les charmes, la neige recule comme à regret vers les hautes altitudes et les chamois se risquent à descendre vers les maisons pour brouter l'herbe nouvelle.

Une jeune femme vient d'avoir un accident de voiture sans gravité en voulant emprunter la route du col de l'Iseran. Le problème est que la route est encore fermée par un mur de neige mais que la conductrice, considérant que rien ne devait lui faire obstacle, s'est acharnée à encastrer son véhicule dans la congère, sous le regard un peu étonné des paysans présents. Fort contrariée, elle est allée ensuite porter plainte en mairie où elle s'est mise à hurler, insultant le maire et sa secrétaire, et refusant de quitter les lieux.

Mon arrivée ne fait qu'aggraver les choses, et le dialogue, pourtant amorcé en douceur, se révèle stérile. Le dos au mur, elle me fixe avec effroi, faisant barrière de ses bras tendus, comme si j'allais la foudroyer d'une seule incantation maléfique. « Prouvez-moi que vous êtes médecin ! Montrez-moi vos diplômes ! Éloignez votre cartable, il m'envoie de mauvaises ondes ! Vos appareils me brûlent le cerveau, jetez-les ! Reculez ! Sortez de cette pièce, vous êtes le diable ! »

La patience commençant à me faire défaut, je décide d'une stratégie thérapeutique un peu plus terre à terre. Quatre anges baraqués, modèle spécial montagne, la plaquent au sol tandis que j'en profite pour lui injecter dans la fesse un cocktail calmant.

Quelques minutes plus tard, je la confierai aux autorités à présent rassurées, redevenue à peu près elle-même, en tout cas suffisamment pour reprendre contact avec la réalité et rendez-vous avec son psy habituel.

***

Elle a littéralement cassé la baraque. La vaisselle est épuisée, son mari aussi.

Elle m'accueille avec des injures, des gestes obscènes et de grands battements de bras, tout en marchant de long en large. Communication zéro. Elle fait ce que l'on nomme une bouffée délirante, et elle peut très bien, sans crier gare, devenir réellement violente, envers les autres comme envers elle-même.

Les trois pompiers présents la mettent à plat ventre sur le canapé et s'assoient carrément sur elle pour me permettre de pratiquer l'injection appropriée. Pendant que je la pique, elle me fait la tête de Linda Blair dans *L'Exorciste*, les yeux exorbités et la bave aux lèvres, mais dans la minute qui suit, la voilà qui se relâche d'un coup, retrouve un visage calme et se remet à parler normalement, « Ah ! ça va mieux. Qu'est-ce qui m'est arrivé, je ne me souviens de rien. Ah bon, j'ai raconté n'importe quoi et tout bazardé dans la maison ? Et vous, vous êtes le docteur ? Vous m'avez fait une piqûre ? Je me fumerais bien une petite cigarette, moi, tiens ! »

Les pompiers ont quitté la pièce, la patiente s'est assise et toute tension semble s'être envolée. Il n'y a que moi qui reste sur la défensive, pas vraiment rassuré, car je sais que le calmant, bien que puissant, n'a pu déjà agir. Ce retournement de situation instantané est suspect. Sans la quitter des yeux, je lui parle de ce qui vient de se passer, de son traitement et des papiers que je suis en train de remplir…

D'un coup, je vois son regard se figer, ses pupilles s'étrécir, et un réflexe de protection me jette en arrière alors qu'elle bondit comme un fauve, envoyant ses deux pieds fracasser la vitre d'un vasistas au-dessus d'un évier, à une hauteur invraisemblable.

C'est un petit bout de femme, mais sa folie lui a donné une force extraordinaire, l'énergie du désespoir sans doute.

***

Ce jour-là, je suis réquisitionné à la gendarmerie pour pratiquer l'examen clinique et le dosage d'alcoolémie d'un prévenu ayant causé un accident en état d'ébriété. Non content de son fait, il a entrepris de tabasser le conducteur de la voiture qui avait eu la mauvaise idée d'arriver en face.

Je reconnais immédiatement, derrière ce faciès congestionné, un artisan du coin, connu pour son caractère violent et sa propension à boire. De toute façon, je suis tout de suite mis dans le bain : « Toi, le toubib, tu peux me faire la prise de sang, mais après, je te casse la gueule. »

Malgré la décharge électrique que cette menace provoque en moi, j'essaie de camoufler ma peur et place le garrot sur le bras de l'intempérant, alors que les gendarmes ont discrètement déserté la pièce. Cette masse de violence sourde suit chacun de mes gestes. Ça y est, j'ai retiré l'aiguille de la veine et scotché le pansement. Je recule lentement de l'autre côté de la table.

Soudain, confirmant mes craintes, son regard devient fixe, et avec une extrême facilité, il arrache la table du sol pour la projeter dans ma direction, ne me manquant que de peu. J'ai juste le temps de filer dans le couloir, autant pour éviter d'autres projectiles que pour demander une protection un peu plus sérieuse à ceux qui auraient dû me la garantir.

J'ai eu l'occasion à plusieurs reprises de rencontrer ce regard dément et je suis persuadé que dans ce cas-là, les 2,8 grammes d'alcoolémie n'étaient que le catalyseur de ravages bien plus profonds.

Compte à rebours

Il n'est pas encore 8 heures quand j'arrive devant la porte du cabinet où deux patients du pays sont déjà en faction, satisfaits d'avoir anticipé la cohue de cette première semaine de mars, période particulièrement chargée des vacances scolaires.

Je porte sur l'épaule mon cartable de visites et l'électrocardiogramme défibrillateur, autour du cou la sacoche des électrodes et brassards de l'électro, dans la main droite le gros sac à dos de médecin correspondant SAMU, et dans la gauche les clés du cabinet ainsi qu'un sachet contenant une pomme et des biscuits.

J'ouvre la porte du cabinet, ôte la pancarte de la garde de nuit, allume, écoute les messages, mets en route les ordinateurs des deux bureaux, vérifie le matériel, rassemble les attelles et les matelas laissés la veille par les pisteurs, range rapidement la salle d'attente malgré les deux patients déjà installés, recharge l'imprimante pour les ordonnances, me débarrasse de mon anorak, de mon pull et de mon bonnet, accroche mon dosimètre à ma poche gauche, juste à côté du téléphone mobile (c'est pas bon pour la santé, mais c'est bien commode pour le travail). Un passage en salle radio pour mettre en route la développeuse automatique, allumer le négatoscope, donner un semblant d'ordre et de fonctionnalité à cette pièce où nous passons une bonne partie de la journée.

Quand, à 8 h 30, arrive la secrétaire, j'ai vu mes premiers patients et noté les noms des personnes déjà arrivées. La salle d'attente est quasi pleine, le téléphone a sonné une vingtaine de fois. Au bruit, je suppose que mon associé vient à son tour d'arriver. Je suis les deux pieds dans la réalité du travail, la tête en haut débit pour faire vite et bien, sans passer à côté du principal, tout en y prenant du plaisir.

Une sinusite « du pays » ayant attendu l'aggravation pour consulter ; le contrôle d'un genou dix jours après une entorse ; une pneumopathie sévère automédiquée... Je passe dire bonjour à Suzanne, la secrétaire du début de semaine. Une angine « touristique » ; une gastro « de saison » chez un bout de chou ; le problème gynécologique d'une Anglaise ne parlant pas français ; l'accident de travail d'un pisteur ; et un renouvellement d'ordonnance pour un patient ayant perdu l'original.

Je salue Éric, mon associé, dans le couloir, devant une haie de patients qui ne veulent pas s'installer pour attendre et me regardent de travers à chaque passage, imaginant qu'ainsi leur tour viendra plus vite. Ils ne savent pas que la vague des traumatisés est proche !

C'est au tour d'une jeune femme dont la fillette souffre d'une pathologie infectieuse « de saison ». Puis une belle entorse de genou qui entraîne un examen clinique, une radio, la pose d'une attelle, l'injection d'un anticoagulant. De nouveau dans mon bureau, je réalise l'électrocardiogramme requis pour un problème cardiologique. Le temps de l'enregistrement, j'entends le brassage des gens qui entrent et sortent, les chaussures cognées contre le mur pour enlever la neige qui a botté sous les semelles, la porte restée ouverte, les talkies-walkies des pisteurs-secouristes, la secrétaire occupée à faire remplir des fiches par les accidentés, les patients étrangers qui parlent trop fort et ceux en discussion téléphonique avec leur assurance avant même d'avoir été examinés...

Un problème dermatologique ancien ; une bronchiolite récidivante chez un nourrisson ; une disjonction acromio-claviculaire initialement prise pour une luxation d'épaule ; puis un adolescent à qui je dois suturer une jolie plaie du cuir chevelu suite à un télescopage, sans casque, avec un surfeur. Cette belle petite chirurgie m'offre une soupape pour libérer la pression du travail qui s'accumule. Une autre entorse de genou, chez un enfant en classe de neige, cette fois, avant une otite adulte, une rupture des ligaments croisés chez une Hollandaise; une colique néphrétique réagissant bien au traitement d'urgence…

Le service des pistes annonce alors l'arrivée de deux blessés coquillés après une collision violente: traumatisme crânien, perte de connaissance, plaie faciale, suspicion de lésions des côtes et du rachis. J'ai juste le temps de prendre en charge la plaie profonde à la cuisse d'un monsieur qui pue des pieds de façon inimaginable, m'obligeant à ouvrir grand le vasistas et à déposer ses chaussettes et ses chaussures à l'extérieur, à défaut de pouvoir sortir les pieds eux-mêmes.

Les blessés annoncés surgissent presque simultanément, dans une ronde des brancards et des chariots. Le traumatisme crânien est introduit en salle de radio pendant que j'effectue un premier examen sommaire de la deuxième personne, une femme, directement dans le couloir, dans son matelas coquille, au milieu des patients qui passent et repassent comme si nous étions virtuels ou transparents. Lésions costales et paravertébrales probables, justifiant une hospitalisation pour un bilan complémentaire. On appelle une ambulance privée pour la transporter au centre hospitalier de Saint-Jean-de-Maurienne.

Mon collègue se charge du premier blessé, un peu limite sur le plan neurologique, ce qui justifie son évacuation par les pompiers, accompagné par le médecin du SMUR, et en présence des gendarmes, toujours appelés en cas de collision.

Je préviens tout le monde que je vais manger un morceau au snack au pied des pistes, chez l'ami Sébastien, roi de la croûte chèvre-lardons-miel et des paninis maison. Gavage express. Après l'éclairage blafard des néons de la salle radio, la réverbération du soleil sur la neige crée un contraste violent. Je suis de retour au cabinet au moment où les pompiers s'en vont.

L'état de la pièce qu'ils viennent de quitter est catastrophique : du vomi partout, sur le sol, la table radio, le matériel de contention, les meubles bas, l'évier, la boîte à aiguilles, le rouleau de papier à examen. La salle d'attente est déjà en train de se remplir de patients très en avance pour les consultations de l'après-midi. La pancarte à l'entrée indiquant la réouverture à 15 heures ne sert à rien.

Je passe outre mon odorat, mon imagination et ma digestion débutante pour faire le plus gros du nettoyage avant l'arrivée de la secrétaire qui n'apprécie guère cet exercice, et pendant que mon confrère est allé manger à son tour, au même endroit que moi et encore plus rapidement que moi.

La farandole des consultations reprend comme si elle n'avait jamais cessé. Entre dans mon bureau une patiente psychiatrique accompagnée par sa sœur et habillée de son air triste et tourmenté habituel. Je la fais attendre quelques instants pour m'occuper d'un traumatisme du genou que mon associé a dû laisser en plan pour traiter un malaise plus urgent adressé par le service des pistes de ski de fond.

Je vois Éric passer en trombe dans le couloir, bousculant les personnes qui s'y trouvent, pour récupérer du matériel de réanimation. Son regard en dit long sur la gravité de la situation. Ma patiente « en cours » est rapidement emballée dans un peignoir et expédiée vers une autre partie du cabinet sans que je puisse lui donner d'explications.

Les portes de la radio sont ouvertes en grand. Des pas précipités dans l'escalier, des ordres saccadés et impérieux. Un corps inerte est arraché du brancard et jeté sur le plan dur de la table radio par une grappe de mains fiévreuses. Arrêt cardio-respiratoire. Ambulanciers, pompiers, médecins, secrétaire, la salle est maintenant pleine. Chacun fait son boulot, guettant les gestes des autres. Massage cardiaque continu, mise en place du défibrillateur. Pas le temps d'installer le scope. Oxygénation forcée au masque et à l'ambu. Les vêtements sont coupés à la hâte pour libérer le thorax et permettre de trouver une voie veineuse. Garrots, perfusion, choisir le bon cathéter, les bonnes drogues, les bons dosages. Convoquer les bons réflexes. Le DSA donne ses ordres : « Écartez-vous du patient », « Continuer la réanimation cardio-pulmonaire… » Masser, encore masser. « Passe-moi la tubulure… » Le sang rouge sombre goutte sur le sol. « Ouvre la perf… Donne-moi le collant… Mets-lui le saturateur… » Je prépare l'intubation, tout est dans la pochette bleue, dans mon sac, derrière moi. Vérifier le combi-tube et gonfler le ballonnet. « Tu lui as passé son adrénaline ? Je suis prêt à intuber, continue de masser, oxygène-la bien. Je te donne le signal quand j'y vais… » « Choc électrique indiqué » : tout le monde s'écarte. « Appuyez sur le bouton maintenant » : soubresaut du corps sous la force de la charge. « Reprends le massage et fais-toi remplacer dans une minute, tu vas t'épuiser… OK, je prends la suite. » « Continuer la réanimation cardio-respiratoire », analyse du tracé, « Pas de choc indiqué ».

Tout est rapide et précis, mais je vis la scène comme au ralenti, visualisant précisément chaque personne et le rôle exact qui est le sien, admiratif de la conscience professionnelle de chacun, de la gentillesse même, et de la cohésion de ce groupe. Un défi collectif et individuel. Chacun lutte sans faiblir ni se décourager, par amour de la vie, même si elle s'est déjà éloignée, tout simplement parce que c'est notre travail et que l'on a été formés pour cela. Par respect aussi et par solidarité envers ses compagnons de combat.

Je me suis placé bien en arrière de la victime, dans l'axe de la tête et du cou, surveillant les mouvements artificiels du thorax sous les deux pressions forcées de l'aide respiratoire. De toute façon elle ne sent rien… « Tu peux enlever le masque, je l'intube… Attends… Elle respire ! Sa poitrine a bougé ! Remets-lui l'oxygène, mais laisse-la respirer seule. Oui, c'est pas croyable, elle respire ! Accompagne simplement ses mouvements, sans la forcer… » Je lui prends un pouls : oui, il est net, régulier, son cœur bat. « Masse-la encore, il faut aider ce cœur. L'oxymétrie est parfaite, branche-lui le scope. » « Pas de choc indiqué », et pour cause : son cœur bat de nouveau, seul, comme un grand. On se regarde, abasourdis, émerveillés, incrédules. « Serrez-moi la main, madame. Ouvrez les yeux, maintenant. » Elle me serre effectivement la main, et me regarde. C'est trop beau ! « Docteur, je prends du Levothyrox… » Elle parle, c'est fou ! Heureusement que j'ai attendu avant de l'intuber. « Non, je ne me souviens de rien. Qu'est-ce qui m'est arrivé ? » « Eh bien, sans exagérer, on peut dire que vous n'alliez pas très bien… »

Le médecin du SMUR va gérer la suite avec mon associé. L'électrocardiogramme montre un superbe infarctus étendu. Reste à préparer la thrombolyse, presque une blague après ce qui vient de se passer.

Pendant ce temps suspendu, le reste du cabinet s'est comme figé, probablement conscient de l'agitation dans la salle radio et de la gravité du moment.

Puisque l'urgence est passée et que je ne suis plus indispensable, je reprends le cours de mes consultations, un peu sonné, comme si j'avais sauté d'un véhicule en marche et que j'allais poursuivre ma route à pied.

Un patient qui attendait sur un banc dans l'entrée, la jambe immobilisée dans un « coquille partiel », en première ligne pour le son mais pas pour l'image, me demande justement si tout va bien. Sa question et ma réponse élusive font monter en moi une bouffée d'émotions mêlées, de soulagement, d'incrédulité, de jubilation, de reconnaissance, un peu comme après un accouchement acrobatique. Mais je dois les remiser à la hâte dans mon armoire mentale, pour rejoindre dans mon bureau ma patiente psychiatrique restée en stand-by dans son monde intérieur.

Une infection rénale haute à « bilanter ». Un rendez-vous à prendre en urgence pour un vieux du village qui décompense son insuffisance cardiaque. Nettoyage et remise en ordre de la salle de radio, en chantier après le passage de la tempête. J'entends le bruit de l'hélico qui décolle juste devant le cabinet. Je dois retrouver sans tarder la ronde des blessés, du moins ceux qui souffraient suffisamment pour avoir attendu.

Une fracture de clavicule chez un adolescent allemand ; une gastro chez une petite du centre de vacances voisin ; un gamin qui tousse comme un poitrinaire et qui me demande si mon masque chirurgical est le même que celui qui endort les enfants ; deux nouveaux genoux à la suite, dont un pas évident à diagnostiquer ; trois mots échangés entre deux portes avec Éric et Suzanne à propos de la résurrection de tout à l'heure ; une probable rougeole de compétition chez un Mauriennais adulte ; une fracture de côtes réchauffée de la veille. Le jour est tombé depuis un moment, la salle d'attente se vide enfin, la fatigue pointe son nez et insiste pour s'installer. Salut, Éric : il a terminé, il s'en va. Je reçois avec une mauvaise humeur mal contenue un père qui m'amène son fils pour un traumatisme du pouce datant du matin. Une dernière radiographie, des excuses et quelques explications pour ma réaction de ras-le-bol. Il faut encore éteindre l'ordinateur, après avoir sauvegardé les données sur le disque dur. Un coup d'œil dans chaque pièce pour vérifier l'extinction des lumières. N'a-t-on oublié personne ? La pancarte pour la garde de nuit est en place. Je verrouille la porte à double tour et monte vers ma voiture, chargé de tout mon attirail d'urgence, comme ce matin… il y a si longtemps.

Voie sans issue

Le grand théâtre est archicomble. Le piano à queue est splendide, un Steinway bien sûr. Je ne sais pas encore ce que je vais jouer, je n'ai pas d'habit de gala, mais cela ne m'inquiète pas plus que ça. Je me dirige vers l'instrument, ouvre le couvercle, m'installe sur le tabouret et vais plaquer un premier accord magistral…

Dans un geste réflexe, ma main droite a surgi de dessous l'oreiller pour décrocher le téléphone et une giclée d'adrénaline a aussitôt mis mon cerveau en éveil :

« Allô, c'est le médecin de garde ? Venez tout de suite ! Ma petite étouffe. Je suis à Bonneval, au bout du village ; il y a un tuyau au milieu de la route à cet endroit-là. Venez vite, venez vite !

– Attendez, madame ! Expliquez-moi mieux… »

Il est seulement deux heures du matin, l'heure la pire pour couper la nuit. Impossible de se rendormir ensuite.

Je réveille mon épouse qui dormait profondément, lui explique que je monte à Bonneval, je ne sais pas chez qui, et que cela risque d'être long. Elle grogne un peu puis replonge dans le sommeil. J'espère qu'elle a enregistré, mais je n'ose pas la réveiller à nouveau pour vérifier.

L'intérieur de la voiture est glacé et la neige tombe dru. Je force mes yeux à reconnaître la route à travers les flocons jaunis par la lumière des phares qui semblent se précipiter contre le pare-brise et donnent la désagréable impression de tomber dans le vide.

Tout en conduisant, je tente de mettre de l'ordre dans mes pensées et d'envisager tous les diagnostics possibles. Je ne connais ni le nom ni l'adresse exacte de la malade pour pouvoir prévenir les pompiers… Heureusement, j'ai tout ce qu'il faut pour les premiers gestes de réanimation. Mieux vaut faire vite, et miser sur un petit coup de pouce de mon ange gardien.

J'arrive à Bonneval après vingt minutes de trajet périlleux. Le village paraît uniquement habité par la nuit et un épais manteau blanc. Impossible de distinguer le moindre bout de tuyau sous 40 centimètres de neige. Évidemment, personne n'est là pour m'attendre. Par chance – merci, ange gardien ! –, je viens de sentir un obstacle sous les pneus et j'ai repéré une fenêtre éclairée dans un chalet tout proche.

Le temps de sortir mon cartable, la mallette d'urgence et la trousse à oxygène, puis de brasser quelques mètres dans la neige profonde, et me voilà en train d'ouvrir la porte d'un studio que j'espère être le bon. Je pénètre dans une petite pièce bruyante et enfumée, parfumée au fromage fondu et au vin blanc renversé, où une dizaine de personnes rient et festoient sans se préoccuper de mon arrivée. Quelques secondes d'hésitation avant de faire savoir qui je suis et de demander où se trouve l'urgence. « Juste à côté, docteur, derrière ce rideau… »

J'écarte une fausse cloison en tissu plastifié et découvre, assise sur un grand lit, une « petite » d'environ trente ans, les cheveux pendant de chaque côté d'un visage terne, la bouche ouverte, le nez lustré par une armée de Kleenex mouillés, et un regard d'adolescente contrariée.

Pour ne pas laisser monter la colère, j'effectue mon examen clinique, complété par un interrogatoire sur ses antécédents, les traitements en cours, les allergies et la description de cette fameuse détresse respiratoire. Un banal rhume, bien sûr. « Eh ben oui, docteur, j'ai le nez bouché depuis deux jours, j'ai pris plein de médicaments et ça n'a rien fait, ça m'empêche de respirer… »

J'ai à l'esprit le réveil en pleine nuit, la route dangereuse, le stress de l'urgence grave imaginée, le fait d'être ici plutôt qu'auprès d'une vraie détresse, et ces gens qui font la fête dans la pièce à côté.

Une leçon de morale ne servirait à rien, et la colère, longue à retomber, ne m'aiderait ni à être prudent sur la route du retour ni à me rendormir.

Pourtant, je ne peux m'empêcher d'expliquer à cette irresponsable que la nature l'a dotée d'une bouche par laquelle elle peut respirer, mais que pour l'heure, je l'invite à fermer cinq minutes.

Dans le calme de ma voiture, je revois à la baisse mon statut de sauveur de l'humanité.

9e partie

CHEMINEMENTS PERSONNELS

Par petites touches

Bien installée face à moi sur la table d'examen, elle me tend un bras droit énergique et ridé. J'ai remonté la manche de son chemisier pour fixer le manchon de mon brassard à tension, la tubulure bien au niveau du pli de son coude et la poire en caoutchouc dans ma main gauche, la droite soutenant le dessous de son avant-bras.

Je sens la peau fine de sa main qui se pose, discrète comme une petite souris, en arrière de mon propre coude. Une petite pression légère, affectueuse, un peu comme la main d'un adulte sur la tête d'un enfant.

Elle a quatre-vingt-six ans, le regard clair, un peu coquin.

***

Que ta peau soit sèche ou moite, douce ou rugueuse, claire ou sombre, saine ou malade, jeune ou vieille, féminine, masculine, moi aussi je te touche.

Ta main en tout premier, quand elle ne se dérobe pas, quand elle fonctionne, quand il y a une main à serrer. Une main tenue raconte déjà beaucoup, même à son insu.

Puis, systématiquement, au moment de l'auscultation cardiaque ou pulmonaire, ma main se pose sur ton épaule, pour te dire que je te reconnais, que je suis de la même espèce que toi, dans cet instant et à cet endroit, sans impudeur ni irrespect, je t'accepte tel que tu es, sans barrière, sans a priori, sans ambiguïté non plus. Sinon, je retire ma main.

Pour le reste de l'examen, je peux palper, comprimer, glisser, enfoncer, mobiliser, percuter, ressentir, explorer, serrer, rechercher un point précis, une texture, un relief, une chaleur, une humidité.

Ce n'est plus un geste de communication, mais un acte d'exploration et de diagnostic. Ma réflexion est tout entière dans la pulpe de mes doigts.

***

Tu es étendu sur ma table d'examen, dans un matelas coquille, dans ton lit, dans la neige, sur le bord de la route, sur le sol de ta cuisine, dans cet hélicoptère qui fait un boucan d'enfer, en bas d'une vire, dans le véhicule inconfortable des pompiers, sur ce lit d'hôpital, au pied de cet échafaudage…

Tu as mal, tu as peur, tu as trop froid, trop chaud, tu ne sais plus où tu es, tu es loin de chez toi, tu n'as que moi à tes côtés, tu n'as plus de famille, tes parents sont dans la salle voisine, tu ne comprends pas le français, tu ne peux pas parler ou tu n'entends pas, ta conscience te joue des tours, tu t'agites, tu délires…

Seule ma main peut communiquer avec toi, t'apaiser, te dire que tu es vivant, important, unique, aimé.

Je la pose doucement sur ton front, ton thorax, ta main. Elle y restera le temps qu'il faudra.

Je suis là.

***

Attention détournée, petite plaisanterie, question anodine, ton épaule un instant relâchée. Je tire brusquement en bloquant ma respiration. Petit cri de surprise de ta part, bruit mat et sourd de l'articulation qui retrouve sa place. La sidération passée, tu m'adresses un grand sourire. Tétanisé par l'effort, je te souris aussi.

Toucher franc, musclé, précis, technique.

***

À genoux à côté de toi, les bras bien tendus, légèrement penché en avant, mes deux mains placées à plat l'une sur l'autre au bas de ton sternum, sur le rythme de *Staying alive* des Bee Gees, j'enfonce ton thorax avec force, comprimant ton cœur devenu inefficace. Pas besoin de ton accord, tu n'es peut-être déjà plus là. C'est violent, c'est fatigant et désespéré, mais c'est encore un contact, avec ta peau, avec tes côtes, avec toi. Tant que tu es massé, c'est ta vie que je touche, c'est ta vie que j'espère.

Après, ça ne m'appartient plus.

***

La salle de ce service hospitalier est triste et sale, mal éclairée, sans fenêtre ni porte, juste deux larges passages que différentes blouses blanches empruntent sans même ralentir ni regarder les lits roulants qui y sont entreposés, et encore moins les personnes qui attendent dans ces lits. Une caméra de surveillance arrose le seul coin où il n'y a rien à surveiller, et de toute façon, personne ne doit s'embêter à jeter un œil à l'écran de contrôle. Pas assez de temps, pas assez de personnel, et puis c'est juste un lieu de passage, un sas d'attente pour patients couchés, dans un service d'urgence même pas surchargé.

Six lits côte à côte, presque barrière contre barrière, six patients, perfusion systématique au bras, en attente d'on ne sait quoi : un diagnostic plus complet, une radio, un résultat de scanner, le passage d'un interne fantôme ou d'un médecin sans identité, la visite d'un proche, une place dans un autre service ou une autorisation de sortie… On se parle un peu, timidement, d'un lit à l'autre. On déraille un peu aussi : où est-ce que je suis ? Quelqu'un pour s'occuper de moi ? Qu'est-ce que j'ai ? Qu'est-ce qui m'est arrivé ? J'ai mal ! J'ai envie de vomir ! Je veux rentrer chez moi ! Je ne veux pas rentrer…

Je vous caresse les cheveux, même si je ne suis pas certain que vous vous en rendiez compte. Vous êtes sous ma protection, je ne vous lâche ni des yeux ni de la pensée. Je trouve ce moment beau et serein, même si le contexte et l'endroit ne le sont pas. Je vous dis que vous avez de belles oreilles, j'ai l'impression de les voir pour la première fois. L'homme qui vous tient la main, de l'autre côté du lit, est d'accord avec moi.

Vous m'intimidez un peu.

Je suis votre médecin traitant.

Tu es aussi ma fille.

Tempête dans un bocal

Cet après-midi de la deuxième semaine de janvier 2007 est un après-midi comme un autre, plutôt moins agité qu'à l'habitude, et j'ai déjà vu deux patients du pays, sans souci particulier. Le troisième est un petit de Bonneval que je connais bien, amené par sa mère pour une otite moyenne aiguë, banale et facile à prendre en charge.

Pourtant, j'ai soudain la désagréable impression que la situation m'échappe. Ses nom et prénom, la date, l'année, la thérapeutique adaptée, tout cela me tourne dans la tête, dans une spirale qui s'accélère et se nourrit d'elle-même. J'ai la sensation de m'observer, hagard, écrasé au fond de mon fauteuil.

Je tente de faire mon diagnostic en même temps que celui du gamin, en mobilisant toute l'énergie qui me reste pour ne pas me tromper ni perdre connaissance. Cet exercice intellectuel m'épuise, mais pour l'instant, je ne parviens pas à m'extraire de ce brouillard.

Je vérifie sans cesse la date sur mon agenda, pour ne pas inquiéter la mère qui me fait face, je vérifie sur le Vidal les posologies de médicaments plus anciens qui me sont venus à l'esprit.

C'est sérieux, j'en ai l'intuition, je ne vais pas pouvoir l'ignorer, pleine saison ou pas... En même temps, un phénomène de distanciation place ces considérations au second plan et m'interdit d'interrompre la consultation pour déclencher une procédure d'urgence que j'aurais utilisée pour tout autre que moi.

Ensuite, j'examine quatre personnes d'une même famille, tout en me voyant me débattre pour ne pas commettre d'erreur. Pour autant, l'idée ne me vient pas de leur faire comprendre que pour l'heure, c'est leur médecin qui ne va pas bien.

Mon corps fonctionne normalement et aucun signe ne laisse deviner la bataille cérébrale qui fait rage en terrain secret.

C'est seulement à la consultation suivante qu'il me semble que j'émerge, suffisamment en tout cas pour décider d'aller voir mon associé et lui expliquer la situation. Je finis néanmoins d'ôter des points de suture à un gendarme, avant d'affronter l'épreuve qui me semble insurmontable : traverser le bureau de la secrétaire pour me rendre dans celui de Franck, mon associé. Au passage, je m'aperçois que la nuit est tombée sans que j'en aie eu conscience, et cela m'inquiète.

Pendant qu'il m'examine, je lui donne mon avis sur ce qui m'arrive, avec la certitude de maîtriser les évènements bien que j'en sois à mille lieues. Je répète en boucle: « Je m'occupe d'avertir les urgences, c'est ma femme qui va me descendre en voiture. C'est bon, je peux aller seul à la maison, ne t'inquiète pas. Téléphone plutôt aux patients que j'ai vus cet après-midi pour vérifier que tout va bien. Occupe-toi du cabinet, je m'occupe d'avertir les urgences… »

Alors que notre fille, Lauréline, appelle à la maison à la minute où nous allons partir, je demande à mon épouse de ne rien lui dire – elle doit avoir des antennes et a compris qu'il y avait un problème.

En route pour l'hôpital de Saint-Jean-de-Maurienne, je me sens groggy, mais en sécurité. Ma parole se libère. J'explique que j'ai dû faire une forme d'ictus amnésique – un de mes frères a testé cette pathologie avant moi –, et je raconte avec force détails mes consultations de l'après-midi, sans savoir que je rabâche inlassablement la même histoire. Je suis à la fois euphorique et stuporeux, ce qui, médicalement parlant, n'est pas compatible.

Je réitère mon laïus auprès de mes confrères des urgences, que je suis content de retrouver ailleurs que sur le terrain, non sans affirmer que nous sommes en 2006…

Dans un laps de temps qui me semble très court, je bénéficie d'un bilan sanguin, d'un scanner cérébral et des examens cardiaques et vasculaires habituels dans ce type d'accident. Toujours persuadé d'avoir fait un ictus, quand le radiologue m'annonce que mon scanner mérite un avis neurologique « de sécurité », je prends ça comme une « faute de goût ».

Tout au fond de moi, pourtant, j'ai compris que je suis engagé sur un chemin difficile. J'accepte ce qui m'arrive comme si je m'y attendais depuis longtemps, comme si c'était inscrit dans le cours de ma vie.

...

Les enfants sont passés me rendre visite, un peu intimidés, affectueux, pleins de prévenance pour leur drôle de père dans ce drôle d'endroit. Quant à ma femme, elle a du mal à me laisser seul, alors que les dernières semaines ont prouvé que je ne le suis pas. À mon tour de faire mon boulot d'être humain, d'aller vaillamment vers ma propre bataille.

...

Je suis bien éveillé, malgré la nuit encore noire, quand l'infirmière vient me poser une nouvelle voie veineuse et me donner les deux médicaments que j'aurai à prendre juste avant d'aller au bloc opératoire. Je me suis douché à la Bétadine, et en attendant le brancardier, je pense à Dominique, notre frère-enfant, mort dans sa soixante-quatrième année il y a un an, jour pour jour, heure pour heure. De lui, j'accepte une aide.

Je pense aussi à mes enfants, mon épouse, et ceux qui me sont chers, mais « je les pense » après l'intervention, pour la suite de ma vie.

...

J'ai conscience d'être embarqué dans l'ascenseur de la neuro A, puis plus rien.

...

Je distingue vaguement une grande pièce mal éclairée, dans des tons ocre-rouge foncé, avec des malades allongés dans les lits alignés à côté du mien. Je dois être en salle de réveil... Cette réalité s'en va et revient, hors de toute notion de temps, dans une pulsation lente et régulière. Me voilà maintenant dans un lit filant à travers les couloirs souterrains de l'hôpital. Ma conscience s'échappe à nouveau. Je me retrouve finalement dans ma chambre, parlant avec mon épouse comme si rien ne s'était passé.

J'entends de mes nouvelles comme de celles d'un autre, dans un état de bien-être et d'euphorie. Le docteur B. a appelé aussitôt l'intervention terminée : tout s'est bien passé, il a fallu presque cinq heures et deux intervenants ; tout ce qui devait être obturé l'a été.

Quand mon ami Jean me téléphone du Liban, l'émotion nous étreint tous les deux, mais je lui assure me sentir très bien, comme je le répéterai à ceux qui me demanderont des nouvelles par la suite.

Lors de sa visite, un peu plus tard, le neuroradiologue paraît soulagé de me trouver en si bonne forme. Dans son regard, je discerne comme un doute, comme s'il m'avait caché la vérité. D'autant qu'il avoue avoir bataillé contre un ennemi récalcitrant. Je lui fais part de l'insensibilité de la face externe de mon membre inférieur droit et de maux de tête pour l'instant très supportables. Surtout, je le remercie pour le travail accompli. « Attendez encore vingt-quatre heures avant de me remercier », se défend-il avec un sourire énigmatique. « Vous avez reçu une bonne dose de corticoïdes, pour limiter le risque inflammatoire – j'en connais les effets euphorisants et dynamisants. C'est un peu comme si nous avions détourné une autoroute et toutes ses voies d'accès. Il va falloir un certain temps pour que le cerveau retrouve ses marques. Vous vous sentirez souvent… bizarre ; je ne saurais pas le dire mieux. »

En fait de sensation bizarre, la plus forte à cet instant est de réaliser la dextérité et la concentration qu'il a fallu pour diriger une sonde microscopique dans mon réseau artériel jusqu'à la rencontre avec les shunts veineux concernés, et y déposer à chaque fois une pointe de colle au 2-octylcyanoacrylate.

…

Quand je le retrouve en neurochirurgie, quatre mois plus tard, pour le contrôle artériographique, le neuroradiologue me conseille de travailler encore quelques mois à mi-temps. « Il vous faudra environ neuf mois pour recouvrer vos pleines capacités », m'explique-t-il.

Neuf mois, après tout, c'est une bonne durée pour une renaissance.

Rencontre nocturne

Il ne fait ni chaud ni froid, ni sec ni humide, on n'entend aucun bruit, mais la couleur terreuse du lieu et le bleu délavé des uniformes exhalent toutes ces sensations à la fois.

La pièce est petite, circulaire et voûtée comme une grotte, mais étonnamment lumineuse, ouverte d'un côté sur une tranchée dont les hautes parois empêchent de voir le ciel.

Assis à nos côtés sur des bancs qui épousent la concavité des murs, de jeunes soldats nettoient leurs armes, ajustent leurs casques, fixent leurs molletières, sans un regard pour moi ni pour mon frère qui, lui aussi, se prépare au combat.

Je devine l'absurdité de la situation : je suis né bien longtemps après 14-18 ! Quel esprit tordu a pu jeter mon frère handicapé dans cette guerre immonde ? Je l'aide à se préparer, tout en sentant mes larmes couler sur mon visage. Je le serre dans mes bras, le supplie de déserter, je lui dis que j'ai besoin de lui, qu'il va à sa perte. En même temps, j'ai conscience qu'on est dans le passé, sur lequel je n'ai aucune prise. Et puis le visage de mon frère est serein, son sourire doux, aucune peur ne semble l'habiter. Sans un mot, il me fait comprendre : « Tout va bien, petit frère, tu peux me laisser partir… »

Réplique

Jeudi 12 mars 2015, vers 16 heures, au cabinet médical de Lanslevillard. En arrêt au milieu du couloir, isolé de ce qui m'entoure, je cherche en vain un numéro de téléphone. À qui dois-je téléphoner, déjà ? Vite ! Appeler Jérémy, mon associé de cet hiver. Impossible de me souvenir du code de son poste. Mais le voilà qui sort de son bureau pour raccompagner un patient…

« Tu peux venir un moment avec moi, s'il te plaît ? C'est important. Je reconnais mes symptômes, je ne me sens pas bien…

– Allonge-toi, je t'examine. »

Plus de forces, plus rien. Déjà les idées s'emballent, les mots se mélangent, les dates et les chiffres s'effacent comme poussière au vent.

« Le médecin-régulateur du 15 veut te parler… »

Effort surhumain pour m'expliquer, rester médecin encore quelques instants. Maintenant dépendant des autres, j'attends, étendu sur ma table d'examen, la chemise ouverte, vidé, avec des lambeaux de lucidité. Par chance, les pompiers sont déjà là. Un sursaut de volonté pour récupérer quelques documents, sortir du cabinet sur mes jambes. Vision brève de la salle d'attente blindée de monde. Déjà partie dans le passé.

Installé dans le fourgon, en sens inverse de la marche, dossier relevé, avec les pompiers qui me regardent, perplexes, je suis assailli par la honte et par un sentiment de précarité. Honte d'effrayer à nouveau mes enfants et ma femme. Impuissance de ne pouvoir le leur dire à cet instant même. Mortification de ne plus être maître de quoi que ce soit, une nouvelle fois.

Explications embrouillées, redites inconscientes, enfoncement progressif, même plus la force de me retenir dans les virages. Nausées, sueurs. La peur de lâcher prise. On s'arrête, ça ne va pas…

Ralentissement, petite remontée sur la gauche, arrêt. On est sur la DZ du SMUR de Modane. L'urgentiste est là. Odeur d'alcool et de Bétadine, morsure du cathéter dans ma veine, fixation des patchs de l'électrocardiogramme, le scope posé entre mes jambes. Un courant d'air froid passe par la porte entrouverte. Balancement du matelas coquille pendant le transfert dans la cabine de l'hélico. Je vois par en dessous les visages des gendarmes et de mon collègue médecin, le plafond incurvé de l'appareil, les gros écouteurs pour étouffer le bruit des turbines. Et puis on décolle, avec quelques secondes de tangage. Une bouffée brève de peur du crash, immédiatement suivie d'une acceptation sereine. L'esprit part en vadrouille, n'essayant même plus de rassembler les pièces du puzzle. À travers le vitrage de la porte, des pans de ciel bleu roi, quelques parcelles de sommets enneigés, et au-dessus de moi, les autres passagers. Accroupis, ils se tiennent aux poignées latérales, plongés eux aussi dans leurs pensées. Le médecin me dit à l'oreille que l'on va atterrir. Mes tympans se gonflent avec la perte d'altitude. Transfert dans l'ambulance des urgences, le sas d'entrée que je reconnais, les portes battantes rayées horizontalement. Nouveau transfert, sur un lit médical, jusqu'en « salle chaude ». Des appareils de surveillance bipent dans tous les coins. Mes vêtements me sont retirés, emballés avec chaussettes et chaussures dans un sac poubelle et stockés en dessous du matelas. Échangés contre l'irremplaçable chemise d'hôpital, ouverte dans le dos. Quelques couvertures en vrac sur les jambes. Entre frissons et transpiration. Attendre maintenant, recoller les morceaux, dormir peut-être.

Ma femme et ma fille m'ont rejoint. Je m'explique comme je peux, les assure que je me sens mieux, je me rappelle en quelle année on est… Montée dans les étages pour l'angioscanner, passage en neurologie, examen clinique par l'interne, prise de température et de tension. Une jeune externe a eu le temps de me raser pour l'électrocardiogramme.

Je ne suis pas seul dans la chambre. On a tiré un rideau en plastique blanc, pour un semblant d'intimité. Extinction des feux, apaisement cérébral, chute dans la nuit.

Rideau pour moi aussi.

Voisin

Vendredi 13 mars, autour des 6 heures du matin, chambre 117, unité de neurologie vasculaire, CHR de Grenoble.

L'étage sort doucement de sa léthargie, on entend des bruits de chariots dans le couloir. La porte de la chambre est ouverte sans ménagement, le néon allumé sans sommation. Quelqu'une parle fort en dehors de mon champ de vision : ma nuit est officiellement terminée et la sienne va bientôt commencer. Dans une autre chambre, et dans l'indifférence générale, perdu dans son propre monde, un patient crie inlassablement « Catherine ! Catherine ! » Odeurs diffuses de draps froissés, de corps malmenés, de consciences qui émergent.

La bête hospitalière s'éveille, lourdement, péniblement, s'étire, fait craquer ses jointures, grincer ses murs. Le jour pointe, mal fagoté, peignoir fermé de travers. La nuit, elle, a déjà rangé sa blouse, avalé encore un gobelet de café réchauffé, fumé à la va-vite une cigarette devant le sas d'entrée, à peine à l'abri d'un petit crachin glacé.

Les sens affûtés, après l'abrutissement d'une nuit sans rêve, j'attends et je ressens : la pression de mes lunettes autour de mes orbites, le tiraillement de la tubulure sur le cathéter au pli de mon coude, la couverture bleu ciel entortillée à mes pieds, l'empreinte de la sonnette d'alarme sur mon flanc, la chemise qui glisse de mes épaules et me laisse le dos à l'air, la place vacante de ma montre à mon poignet gauche, les pansements et un cathlon inutile sur la peau fine du dos de ma main.

Derrière le paravent de nylon blanc, rien ne bouge, ni ronflement ni respiration audible, pas d'identité, pas encore de visage ni de nom. Il y a quelqu'un pourtant, un inconnu souffrant d'un mal neurologique, qui a une vie, une famille peut-être, des questions, des rêves aussi, du moins je l'espère.

L'externe m'arrache à mes sensations et me ramène aux causes de ma présence dans ce lit d'hôpital, huit ans après un malaise similaire et une intervention. J'éprouve le même inconfort qu'alors à me retrouver à cette place de patient, face à ce médecin en herbe. Je ne peux m'empêcher d'intervenir dans l'examen, j'ai même tout bon au test mnésique.

À nouveau seul, je redresse la tête de lit, replace correctement draps et couverture, en me demandant comment faire connaissance avec mon voisin de chambre, limité que je suis dans mes mouvements par la perfusion, et dans ce qui me reste de dignité, par ma tenue de malade.

On a dû penser la même chose au même moment : c'est lui qui fait le premier pas, qui dit les premiers mots, en fait. Il est cloué sur son lit, incapable de se lever seul. Sa voix est claire et calme, directe comme une main tendue. Il a suivi à l'oreille le déroulement de mon examen et compris mon état.

Assis au bord de mon lit, malgré le paravent, je vois sa jambe gauche passée par-dessus le drap et je devine une jambe droite inerte, en partie fléchie sous l'autre.

Oubliant ma timidité, je rajuste ma chemise, décroche la poche de sérum physiologique de sa potence et accomplis les quatre pas qui nous séparaient encore.

Son large sourire, son regard franc sont raccord avec son timbre de voix. Nous nous serrons la main chaleureusement. La gauche en ce qui le concerne, tout son bras droit étant paralysé. On s'explique nos pathologies respectives : son accident vasculaire cérébral, mon cafouillage neuronal. Ça va déjà mieux. On s'échange nos espoirs, on parle de nos vies. Le paravent n'est plus utile, en attendant la toilette et les soins.

Nous avons à peu près le même âge, des enfants l'un comme l'autre. Il est informaticien. Même surmenage, mêmes claques de la vie. On se retrouve comme d'anciens copains d'école : deux vies parallèles qui se croisent à un moment donné, un endroit donné, ni plus ni moins.

Le rideau fait écran le temps de sa séance d'orthophonie. C'est à mon tour d'être le témoin involontaire de ses efforts. Que le langage est complexe quand il a perdu ses automatismes : mots à double ou triple sens, connexions retardées ou déplacées. Des milliards d'aiguillages neuronaux grippés par l'anoxie cellulaire, câbles grillés ou mis à nu. Que d'énergie mobilisée pour de minuscules récupérations, avec la peur de se tromper qui paralyse un peu plus encore ! Silence : il bloque sur une définition. L'orthophoniste le relance avec douceur… Victoire : le mot est retrouvé ! Une joie de gosse, un triomphe de cours élémentaire.

Dans mon coin, je transpire de ses efforts et me mords la langue pour ne pas souffler la réponse. J'applaudis en silence à chaque essai transformé, je l'encourage mentalement, plein de confiance.

En le félicitant pour de vrai, je lui affirme qu'il peut encore récupérer énormément. Les dernières connaissances scientifiques rapportent que le cerveau fabrique de nouvelles cellules jusqu'au bout de la vie, avec une adaptabilité extraordinaire, comme une gare de triage en mutation constante. Quand vous butez sur un mot, prenez un peu de distance, utilisez tous vos sens : invoquez un goût, une musique, un parfum, un souvenir heureux, une émotion ; trouvez d'autres voies, retrouvez votre naïveté d'enfant.

C'est à l'heure du repas que j'ai droit à la grande visite du patron et de son assistante, de l'interne et des externes. Ils discutent entre eux plutôt qu'ils m'examinent ou m'interrogent. À eux la décision des examens à programmer. Je suis un patient et un cas, bien davantage qu'un confrère. Difficile de poser des questions et surtout d'être entendu. Quant à émettre mes propres hypothèses… C'est un cours en chambre, pas un échange.

L'IRM est prévue à 14 h 45, l'électroencéphalogramme juste après. Une chance : j'aurai suffisamment de temps pour voir ma famille, mais pas assez pour cogiter sur mon diagnostic.

Mon épouse, nos enfants et leurs conjoints m'apportent une bouffée d'air frais. Leurs plaisanteries, la liste de tous ceux qui attendent de mes nouvelles, me font du bien. Échange de politesses avec le voisin et ses propres visiteurs.

Trop peu de temps : on m'emmène sur un fauteuil dans les sous-sols glacés jusqu'au service des EEG. Le planning a été chamboulé et dans certains services, le week-end est sur le point de commencer. Quatre femmes pressées et hilares me coiffent d'un casque à bigoudis en caoutchouc noir et me posent la prise neutre sur le ventre. « Ouvrez les yeux ! Fermez les yeux ! Les flashs lumineux de plus en plus rapides crépitent derrière mes paupières. Pas de commentaire, la course se poursuit jusqu'à l'antre de la résonance magnétique nucléaire.

L'angle d'un couloir en guise de salle d'attente. Je me sens ridicule dans mon fauteuil de grabataire, vêtu d'un caleçon de sport et de ma chemise froissée de la veille. Entre la porte d'entrée et celle des toilettes, jamais fermée, deux patients comme moi, dans des fauteuils semblables au mien, attifés des mêmes chemises d'hôpital immondes, me renvoient à mon propre état. J'aimerais leur rendre leurs vêtements, leur dignité, leur ôter ce maquillage jaunâtre que confèrent la solitude et la souffrance.

En face de moi, dans un lit aux barrières relevées, encadré par deux gardes du corps de cinéma, cheveux gominés, chemise et pantalon noirs, un homme massif, me tournant le dos, attend son tour en maugréant.

Chacun ses questionnements, ses peurs, son avenir suspendu, son ennui aussi, mais une précarité commune, en ce même lieu. On partage ce qu'on peut.

Ma grosse tête passe tout juste dans le grillage en résine et le casque enfilé à la va-vite reste de travers sur mon oreille. Le fracas habituel de l'IRM tambourine à plein volume sur mes tympans, tandis que la tubulure de ma perfusion tente de s'échapper. Mais tout va bien, je ferme les paupières et je m'endors, à peine dérangé quand on m'extrait un instant pour m'injecter le gadolinium. Je me réveille en sursaut en fin d'examen, avec l'impression d'avoir du *heavy metal* dans les oreilles.

Nouvelle attente dans le même coin de couloir avant l'avis médical. Le parrain est sorti un peu avant moi de son sarcophage, et mes deux clones ont regagné leurs unités. Intermède rafraîchissant avec un interne, ami de mon associé de la saison, qui a été envoyé aux nouvelles.

Après un bref conciliabule dans un renfoncement, les radiologues et le neurologue m'informent qu'ils ne feront pas de nouvelle artériographie pour l'instant, et sans doute pas de nouvelle embolisation non plus. « On discute de tout ça en réunion la semaine prochaine, et on vous tient au courant. Pour ce soir, c'est bon, vous pouvez rentrer chez vous… »

Euh… maintenant que j'ai un voisin de chambre sympa, je préférerais quitter l'hôpital demain seulement. « Voisin » n'est d'ailleurs plus le mot qui convient.

Quand un de ses fils est venu l'aider à prendre son repas, en me désignant, il a dit : « Je te présente mon ami. »

Oui, ami, c'est exactement ça.

Souvenirs du Liban

La mort, je l'ai frôlée de près durant l'été 1975. C'est la troisième fois que je vais au Liban retrouver mes compagnons de faculté. La guerre vient de reprendre, le jour où j'embarque à Genève, mais j'ai choisi de partir quand même, la peur au ventre. Voir l'avion plein m'a d'abord rassuré, mais la majorité des passagers étaient en route pour Riyad, avec une simple escale à Beyrouth. Nous avons été quatre à débarquer dans un aéroport quasi désert, où mes amis libanais étaient venus me chercher malgré le couvre-feu. Partout les rues étaient sombres et désertes. Nous avons été contrôlés une dizaine de fois avant d'atteindre, tard dans la nuit, Aeschié, petit village de montagne au sud du pays. Là, nous avons entendu à la radio qu'une embuscade venait de faire plusieurs morts sur la route que nous avions empruntée. Cela n'a paru impressionner personne : ce qui doit arriver arrivera, « *mektoub !* », et la vie continue.

Quelques jours plus tard, le conflit paraissant perdre en intensité, nous décidons d'aller à la mer, avec un vrai programme de vacanciers : baignade et pique-nique. La journée se passe au mieux et nous reprenons le chemin du retour le ventre plein – Liban oblige –, saturés de sel et de soleil. Juste après la petite ville de Marjayoun, au détour d'un virage, nous tombons sur des pneus en feu au milieu de la chaussée. Des véhicules ont été, comme nous, contraints de stopper. Mon ami a pâli et ses sœurs se sont tues. Que faire ? Cette route est le seul accès à la montagne et, avec la nuit, la situation ne sera que plus périlleuse. Notre réflexion est interrompue par un groupe bruyant qui nous interpelle : « Vite, suivez-nous ! Ici c'est trop dangereux. On sait comment éviter le barrage. » Sans avoir eu le loisir discuter, tant nous sommes soucieux d'être rentrés avant le couvre-feu, nous nous retrouvons à rouler à la suite de ces inconnus. Je reste néanmoins sur la défensive, l'esprit aux aguets… C'est un détail qui me saute aux yeux et m'envoie une nouvelle poussée d'adrénaline. « Arrête-toi, Jean ! Fais demi-tour tout de suite ! C'est un piège ! J'ai vu quelque chose au bout de la ligne droite, derrière le talus, à gauche. Là ! Regarde ! » Ce sont des hommes armés ; ils nous ont vu ralentir et sortent de leur cachette. Sans attendre la fin de ma phrase, sous les cris de ses sœurs, Jean fait demi-tour sur les chapeaux de roues, tandis que le bruit sec des balles claque à nos oreilles.

Nous roulons un long moment en silence, jusqu'à ce que la tension s'apaise et nous laisse au bonheur d'avoir échappé au pire.

Deux semaines plus tard, après quelques jours à Damas, triste capitale syrienne, nous partons avec Jean pour Jounieh, ville littorale à majorité chrétienne située sur au nord de Beyrouth. C'est là que résident les parents de mon ami.

Aux abords de Beyrouth, nous apprenons qu'un nouveau couvre-feu interdit l'accès à la ville depuis une reprise brutale des combats. Les soldats de l'armée régulière libanaise nous conseillent de retourner vers la frontière, en nous expliquant que des accrochages ont eu lieu entre milices chrétiennes et factions chiites sur la seule route qui permet encore de rejoindre Jounieh.

Nous reprenons donc notre « chemin de Damas », pour nous heurter, à peine une centaine de mètres plus loin, sur des carcasses de voitures placées en barricade et des échanges de balles. Mieux vaut encore risquer d'être interceptés par des miliciens.

La route étroite serpente en pente douce entre les vignes et les oliviers, dans la lumière merveilleuse du moment fugace entre le coucher du soleil sur la mer et le premier éclat des étoiles sur le velours de la nuit. Il faut peu de temps pour que des hommes encagoulés surgissent des fourrés pour nous barrer le passage et nous extraire de façon musclée de la voiture. « S'ils sont maronites, on ne risque rien, sinon on est cuits », me murmure mon ami. J'ai les yeux rivés sur leurs Kalachnikovs pointées sur nous et les grenades accrochées à leur ceinture. L'inspection de nos passeports dénoue d'un coup la situation : Jean est chrétien maronite, comme nos assaillants, et ses papiers font foi. Mais s'ils nous relâchent, le danger reste entier, la balle encore dans le barillet.

Passés quelques virages, un groupe identique au précédent nous intercepte de la même façon. La tension extrême de chacun des combattants est évidente. Les doigts sont crispés sur les gâchettes et j'ai l'effrayante conviction qu'un seul geste mal interprété pourrait tout faire basculer. « Cette-fois ci, on est foutus… »

Je suis le premier arraché à mon siège et plaqué mains contre la voiture, sous la menace d'un fusil. Mon passeport français semble poser problème, si bien que je suis poussé de côté avec rudesse. On verra sans doute plus tard ce qu'on va faire de moi. À peine ont-ils jeté un œil aux papiers de Jean qu'ils me font signe de filer, pendant qu'ils gardent mon ami. Mourir ne peut pas être si simple. Qui sont ces visages sans identité qui ont le droit d'ôter la vie pour quelques mots sur un passeport ? Pour désamorcer ma peur, je m'accroche à des images de plages de mon enfance et de virées à vélo sur des chemins bordés de mûres sauvages qui me paraissent bien plus réels. J'ai l'impression d'être un spectateur extérieur à la scène. Je suis comme au bord d'une falaise, étonné de ne pas avoir le vertige. Je me regarde expliquer à ces Rambo, dans un mélange de français et d'arabe, que je suis médecin, fils de diplomate – ce qui est évidemment faux –, que mon métier n'a ni frontière ni religion, que je ne sais pas conduire et qu'il n'est pas question que je reparte seul.

Ma réaction semble les prendre de court. Après d'interminables palabres, la liberté nous est finalement rendue, à tous les deux. Nous remontons lentement dans la voiture et filons sans montrer notre envie de détaler ventre à terre, mais sans traîner non plus, de peur qu'ils ne reviennent sur leur décision.

Plus tard dans la nuit, à bon port, bien que je sois installé dans un fauteuil profond, avec en main un grand verre de citronnade fraîche, la peur trop longtemps refoulée me submerge et m'oblige soudain à m'éloigner de la fenêtre : un tireur isolé pourrait me tenir dans sa ligne de mire…

Nous n'avons jamais reparlé de cette mésaventure avec Jean, mon ami libanais. Mais j'y pense souvent. Cette expérience me sert de clé pour comprendre et relativiser beaucoup de choses.

Petites annonces

Hello ! Petite brune entre deux âges, un peu trop maquillée, n'ayant pas inventé la poudre. Ça n'est pas grave car je ne suis pas assez futée pour m'en rendre compte. J'ai chuté à skis ce matin, sur la tête. Je ne portais pas de casque. Ce n'est pas grave non plus puisque je ne m'en souviens pas vraiment. J'ai essayé de manger un peu à midi, mais comme je n'avais pas faim, je suis allée me coucher pendant que mes amis repartaient skier. Je me suis réveillée en fin d'après-midi. J'avais bien mal au crâne, alors je me suis enfilé trois comprimés d'ibuprofène d'un coup. Après, je me suis sentie mieux. Le soir, on est allés au resto tous ensemble. Non, on n'a pas bu. Juste des apéros, quelques verres de blanc et une chartreuse, ou un génépi, ou les deux, je ne me rappelle plus. Dans la rue, tout à l'heure, un gamin m'a envoyé une boule de neige en pleine figure et je suis tombée par terre. C'est parce que je ne répondais pas et que mes yeux partaient en arrière, que ma copine vous a appelés. C'est déjà minuit ? Vous voulez que j'aille à l'hôpital avec les pompiers ? Vous êtes sympa, mais tout va bien…

Docteur, vous voulez bien être mon ami ?

Hé ! Grosse brute imbibée jusqu'à l'os. Blouson de ski version camouflage, kaki militaire ou chasseur, bonnet de commando en laine noir enfoncé sur ce qui me sert de crâne, la main droite emballée dans un rouleau de Sopalin et du chatterton beige. J'ai décidé de vous pourrir la vie. À tous ! Tous les blessés qui patientent entassés dans l'entrée, dans le couloir, la salle de soins, la salle de radio, les bureaux des médecins. Aux pisteurs qui en amènent de nouveaux, aux ambulanciers et pompiers qui viennent en récupérer d'autres. Aux deux médecins et à la secrétaire qui tentent de rester sereins, de hiérarchiser les urgences. Aux accompagnants qui entrent et sortent en laissant la porte grande ouverte. Au vieux toubib en particulier, celui avec les lunettes et la barbe grise, celui qui a décidé de me laisser cuver toutes les bières que je me suis envoyées au restaurant d'altitude. Je me suis installé sur le banc réservé aux blessés qui attendent leur radio. Je gueule, je brasse, j'asphyxie tout le couloir avec mon haleine d'éthanol pur. Puis finalement, je m'en vais en jurant et en claquant bien fort la porte : j'en ai marre d'attendre, je me casse !

Je reviens à la nuit tombée, alors que tous les patients ne sont pas encore passés et que l'épuisement est à son comble. Je gueule à nouveau, pour faire chier ceux qui sont encore là. Je laisse la porte grande ouverte sur le froid qui entre en force. J'ai la clope au bec, les yeux injectés de sang, les traits déformés par la colère. J'ai balancé l'un des bancs de l'entrée dans la neige. En défaisant mon pansement dégueulasse, j'ai foutu du sang partout sur les murs et le sol. Je ne veux pas qu'on ferme la porte. Je refuse de me calmer. Je veux péter la tronche du toubib qui ne sait plus comment me raisonner mais hésite à appeler les flics. C'est le petit jeune qui finit par nettoyer ma plaie. Elle est profonde, section partielle d'un tendon : il faut qu'un chirurgien me recouse au bloc. Pas demain matin, ce soir, paraît-il, sinon mon doigt risque de ne plus pouvoir bouger… Rien à foutre, j'irai pas !

Allez, toubib, mon vieux, tu veux bien être mon ami ?

Salut ! Une bonne bouille ronde comprimée entre casque et minerve. Saucissonné par les sangles du matelas coquille, trempé jusqu'au caleçon, la neige encore soudée aux semelles de mes chaussures de ski, j'ai du mal à répondre à toutes tes questions. Je suis encore choqué par ma chute du haut du pont de pierre. Ma tête et mon dos ont rebondi sur la glace et les rochers, et je suis resté un moment dans l'eau glacée du torrent. Je fais partie d'un groupe de petits caïds de la région parisienne. On a bien fait suer les monos pendant toute la semaine. J'ai voulu me freiner dans le mur de neige mais ça n'a pas marché. J'ai roulé, tourné de partout. J'ai froid, mal derrière le dos. Non, pas neuf, j'ai onze ans. Les pisteurs ont eu peur. Je suis là parce que l'hélicoptère n'est pas disponible. Toi aussi tu es inquiet. Tu préfères me faire passer un scanner, parce que mes parents ne sont pas là, pour rassurer le directeur de la colo. Mais je te promets, je n'ai pas si mal que ça.

Dis, monsieur, tu veux bien être mon ami ?

Bonsoir ! Ah non, c'est déjà bonjour… Soixante-deux ans, la tête pleine, débordant même un peu, je suis encore au cabinet, assis à mon bureau, en train d'éteindre l'ordinateur. Je vais mettre le chauffage en mode nuit, rassembler mes idées et mes émotions. Je flotte entre excitation et saturation, optimiste tourmenté, habité par le désir tenace et naïf de vouloir changer les choses et les gens, les paumés, les violents, les bas du front, les preneurs de risques idiots, les asociaux, les inconscients, les désespérés, les désespérants, les lâches, les incompris, les incompréhensibles.

Je suis parfois découragé, ou dépassé, par les tombereaux de souffrance déversée, par l'importance de la tâche, impatient, énervé, de mauvaise foi, cynique, désagréable, injuste, lâche aussi, banal en somme.

À mon tour de demander : s'il vous plaît, est-ce qu'on ne pourrait pas devenir amis, même juste un peu ?

10e partie

MÉDECIN DE FAMILLE, FAMILLE DU MÉDECIN

Un médecin a le plus souvent sa propre famille, je veux dire celle en dehors de ses patients, des enfants, des amis, une histoire, des parents, une enfance, des deuils, des naissances, un environnement affectif.

Un conjoint qui soutient, supporte, répare, soulage, partage, qui doit aussi trouver sa place, suivre son propre chemin de vie, aller de l'avant. Équilibre fragile, forces communes.

Pour ma part, j'ai deux enfants qui font avec un Superpapa courant d'air, nos bisous papillon, nos petits moments magiques, des vacances brèves et précieuses, deux enfants que je ne vois pas grandir.

Je les aime pourtant à chaque seconde, même quand mes pensées sont toutes dans mon travail.

Un petit coin de paradis

Être médecin de montagne, c'est aussi profiter de moments privilégiés avec les gens du pays qui ne sont pas tous, ni tout le temps, uniquement des patients.

Il existe une vie en dehors du travail, et une invitation chez des « pays », c'est toujours un événement.

Ce soir, c'est toute la famille qui est attendue à Bessans chez Riri et Manou.

Lui est garde au Parc national de la Vanoise, grand amoureux de la nature et poète dans l'âme. Aucun nom de plante ou d'oiseau ne lui est inconnu, il peut identifier chaque chamois ou chaque bouquetin et sait dire quel éterlou va avec telle étagne. Quand il ne marche pas, c'est qu'il est posté pour observer à la jumelle des animaux ou quelque braconnier, pas toujours pacifique. Il ne manque jamais de me donner un bouquet de muguet pour ma femme le 1er Mai. Il sculpte dans le bois des coqs de bruyère ou des edelweiss pour les enfants, et quand c'est l'époque, il nous fait profiter de son cidre maison. Sur des cahiers d'écolier, il couche des poèmes qu'il illustre de scènes naïves et précises, dessinées aux crayons de couleur.

Elle, c'est la gaieté faite femme, avec des yeux rieurs qui illuminent ses joues rondes et brillantes. Les rares fois où elle est triste ou soucieuse, son regard s'embue d'une larme qu'elle efface aussitôt d'une plaisanterie légère, comme s'il fallait s'excuser d'avoir failli, même furtivement.

Elle est aussi un redoutable cordon bleu. Au menu ce soir, une pleine table de jambon, terrines, pâtés, pancetta et saucissons, salades et crudités du jardin, puis un gratin savoyard, suivis d'un civet de lapin accompagné de la *polenta* traditionnelle, avant les fromages fermiers, dont des tommes d'alpage, beaufort et reblochons à se damner. Inutile de préciser que si l'on quitte des yeux son verre ou son assiette, on les retrouve aussitôt remplis à ras bord. C'est une bataille de chaque instant pour résister au gavage.

Alors que nous sommes au bord de l'indigestion arrivent les desserts : tartes aux fruits, crème pâtissière et bassine de fruits rouges, poussés par l'incontournable verre de génépi. Ouf ! nous avons échappé au suédois, une liqueur de plantes, très prisée par ici et à côté de laquelle le Fernet-Branca est un nectar. C'est un médecin scandinave, mort d'une chute de cheval à plus de cent ans, qui en aurait promu les vertus !

Mais quel bonheur de les écouter raconter le Bessans d'antan ! Quelle chance pour les enfants de profiter des réponses de Riri à toutes leurs questions sur la nature ! Et comme si nous n'étions pas déjà suffisamment bienheureux de leur compagnie, voilà qu'il joue à l'harmonica des airs du Piémont, pendant que Manou danse devant nous, simplement, sans gêne aucune, en harmonie avec la musique qui semble venir directement du cœur de son mari. Comment ne pas être fascinés ?

Quand nous finissons par quitter le village, la neige s'est mise à tomber. Juste avant le col de la Madeleine, nous avons droit à un autre moment magique : dans le faisceau des phares où dansent les flocons, une biche et son faon, arrêtés au milieu de la chaussée, comme sortis d'un conte de fées, nous regardent. Puis, tranquillement et avec beaucoup de grâce, ils vont pour se fondre dans l'obscurité de la forêt, nous laissant muets et rêveurs.

Ce soir, des mondes se sont croisés, sans heurt, sans calcul ni préjugé. Je sais que les enfants n'oublieront pas ces rencontres, et cela me rend heureux.

Le chemin du Petit Bonheur

L'hiver a été interminable, avec un temps le plus souvent maussade, alternant pluies traînantes et ciels blancs. Les nuages empêtrés dans la masse sombre de la forêt masquaient les repères familiers des sommets. Difficile d'imaginer que derrière cet écran resplendissait le ciel bleu France de la haute montagne, que l'on était déjà au seuil de l'été et que le mot chaleur n'allait pas disparaître de notre vocabulaire.

Les sols sont gorgés d'eau. La floraison n'attend plus que le signal de vrais rayons pour rattraper son retard.

On est à la mi-mai et la neige n'a pas encore abandonné les alpages de moyenne montagne, malgré la sape des eaux de pluie qui gonflent les torrents.

Les marmottes, pourtant, ont suivi leur horloge biologique et sortent de toutes parts. Grisées par leur liberté retrouvée et l'appel des premières pousses tendres, elles traversent la route qui conduit au col de l'Iseran, au risque de se faire écraser. Heureusement, la circulation est éparse à l'intersaison.

Mais depuis quelques jours, le beau temps est de retour, au grand bonheur des plantes, des animaux et des habitants de la haute vallée. Les bêtes ont pu quitter les étables, excitées comme des gamines, saoulées par l'air vif et enivrées d'herbe nouvelle. Chacun s'active au jardin et plante avec fébrilité les légumes pour l'été, en espérant que les gelées nocturnes ne brûleront pas les semis. Quelques imprudents exposent à la morsure du soleil leur torse et leur dos blancs, dans un contraste saisissant avec leur visage cuivré par la saison en station. Il flotte dans l'air comme un parfum de renaissance, une brise de bonne humeur, mêlés aux odeurs de la montagne au printemps.

J'ai profité d'un moment de calme en ce début de dimanche après-midi pour fuguer sur le bien nommé « chemin du Petit Bonheur ». J'ai emporté mon petit caméscope digital afin de voler quelques images de cette nature au sommet de son art.

Il fait suffisamment chaud pour que je transpire sous ma casquette. La lumière est vive sans être agressive et magnifie chaque nuance de vert de la forêt et des prairies. Le ciel est parfaitement dégagé.

Chaque fleur est à sa place, il n'y a aucune faute de goût dans la palette de teintes vives ou discrètes. Les ruisseaux promènent la transparence de leurs eaux neuves en sillons tortueux à travers les hautes herbes et les fossés des chemins.

Je sollicite tous mes sens engourdis par la fatigue de l'hiver pour qu'ils engrangent sensations et émotions, comme un élixir de jouvence en prévision des périodes pénibles ou des jours sombres, comme si tout risquait de disparaître. Et je laisse vagabonder mes pensées, sans retenue ni mélancolie. Je songe aux personnes avec qui j'ai maintes fois parcouru ce chemin. Mon père qui traînait le pas et que je savais affaibli par l'âge et des douleurs tues. Les balades en luge, à ski de fond, à pied ou à vélo avec ma femme et les enfants. Le tapis flamboyant des aiguilles de mélèze à la fin de l'automne…

J'imagine ceux qui ont traversé ces paysages avant moi, puis ceux qui auront la chance de le faire après moi, et j'ai le sentiment de marcher avec eux tous. Le défilement du temps n'est pas bêtement linéaire, mais plutôt circulaire ou en spirale.

Je vois mes parents à mon âge et cette image me paraît limpide et belle. Mes chers disparus cheminent à mes côtés et leur amour ne peut s'éteindre. Leur corps est retourné à la terre et a réintégré le cycle de la vie.

Je pense aux patients qui m'autorisent à les accompagner, à faire un bout de chemin avec eux, ainsi qu'à leurs témoignages subtils de reconnaissance ou d'affection : un sac de légumes du jardin accroché à la porte de la maison, une douzaine d'œufs emballés dans du papier journal et posés sur le bureau à la fin de la consultation, les truites au moment de la pêche et le gibier à l'automne, la monnaie laissée « pour les enfants ». À leur inquiétude quand je suis absent ou quand j'ai l'air fatigué. Ces attentions inestimables qui me font oublier les zones périlleuses ou blessantes de mon métier.

J'étais parti pour une petite balade en solitaire et je m'aperçois que beaucoup de monde m'a accompagné.

Pour mon plus grand bonheur.

Un Noël en chaud et froid

À plusieurs reprises, je me suis appliqué à me rendormir en essayant d'oublier que je risquais d'avoir à répondre à un appel et à repartir dans le froid et la nuit, loin du pays des songes. C'est à chaque fois la même lutte entre le désir de dormir au plus vite pour récupérer, être en forme afin d'affronter la journée suivante, et la nécessité de rester vigilant et prêt à intervenir en cas de besoin.

Quand le sommeil arrive enfin, il est sombre et profond, et la sonnerie à 3 heures du matin me fait l'effet d'une gifle.

L'urgence n'en est pas une: quelques conseils suffisent pour la prendre en charge en attendant la consultation. En tout cas, c'est une fatigue supplémentaire, et la certitude, cette fois, que ma nuit est foutue.

Plus que quelques heures avant l'ouverture du cabinet. Nous sommes le 24 décembre. Ma femme et les enfants ont pris les devants pour aller retrouver notre nombreuse famille dans un gîte du Trièves. J'ai l'espoir de les rejoindre pour le réveillon, à défaut d'avoir trouvé un remplaçant pour deux ou trois jours. Mais la journée risque être chargée, mes visites à Bonneval se terminent rarement avant 17 heures et le trajet prendra plus de trois heures. Je sais qu'il en faudra autant au retour, avec l'obligation d'être au cabinet demain avant 9 heures, après une nuit forcément brève…

La fatigue pèse et je mesure le risque d'une telle entreprise, mais je vois trop peu mes enfants pour ne pas partager Noël avec eux.

La journée me portera sans doute conseil. Je décide déjà d'avancer l'heure de ma permanence de Bonneval, quitte à déjeuner dans la voiture et à tout préparer pour éviter de repasser à la maison et au cabinet avant de prendre la route ce soir. Une chance : mon associé veut bien assurer seul la fin d'après-midi, avant d'enchaîner avec sa garde de nuit.

Un sandwich jambon-beurre plus tard, quand j'arrive au local médical installé dans l'école du village, de nombreux patients m'attendent. Les consultations s'enchaînent de façon fluide et agréable, si bien que je termine plus tôt que prévu, et délesté d'une certaine pression.

Le temps est beau et très froid, les routes sont bien sèches. Alors, puisque le contrecoup de la nuit gâchée ne se fait pas sentir, je pars retrouver les miens.

Je suis à Grenoble à la tombée du jour, sous un ciel violet constellé d'étoiles, tandis que les cimes de la chaîne de Belledonne sont encore teintées d'un rose orangé solaire.

Sur la route qui monte au col de la Croix-Haute, je me cale dans le sillage des voitures qui roulent à bonne allure, pour éviter la tension de la conduite nocturne en tête.

Peu avant le col, je bifurque sur une départementale qui descend brusquement vers la gauche. La chaussée étroite, recouverte d'une glace épaisse et noire, fend la masse sombre de grands résineux chargés de neige. Tout en roulant prudemment, je me laisse envelopper par cette obscurité scintillante. Aucun bruit, hormis le ronronnement du moteur et le chant léger des pneus sur le verglas.

À la forêt maternante succède la rectitude des champs dont l'hiver a pourtant adouci les sillons. J'éprouve un sentiment de sérénité et de liberté, dans un espace de lucidité tranquille, à l'abri de toute fatigue.

Je ne suis même pas surpris quand la sonnerie de mon portable retentit. Je prends le temps de me garer tranquillement sur le bas-côté enneigé avant de décrocher.

C'est Jean qui téléphone du Liban pour me souhaiter un joyeux Noël. Nous nous mettons à parler comme si nous étions à côté l'un de l'autre, oubliant la Méditerranée et le millier de kilomètres qui nous séparent.

Je le vois sur sa terrasse face à la mer, dans la douceur parfumée de la baie de Jounieh et du réveillon oriental qui se prépare. J'ai sur la langue les saveurs du mezzé : la purée de pois chiches, l'acidité citronnée du taboulé, la succulence des viandes grillées, l'ardeur glacée de la liqueur d'arak et les délices des pâtisseries à la pistache, magnifiées par le merveilleux café à la cardamome.

Je lui parle de la température polaire ici et du fabuleux décor de ce plateau du Trièves. Chacun rêve au monde de l'autre, heureux de partager cet instant soustrait à la réalité, et déjà ravi de ce Noël en famille.

Quelques minutes plus tard, après avoir croisé deux chevreuils à l'orée d'un bois, j'atteins enfin le lieu-dit Château-Bas, alors que le brouillard s'invite. Dans la cour de l'ancienne ferme imposante, les voitures s'encroûtent d'un givre épais. Le froid mord les joues.

Derrière les carreaux embués, je devine la longue table décorée, la chaleur de la fête, la fébrilité des enfants. Alors monte en moi le bonheur de retrouver ceux que j'aime et la satisfaction délicieuse de l'avoir gagné, malgré tout.

Écrire ou ne pas écrire

La première fois, cela a été un défi personnel, un jeu. Je n'ai rien dit à personne, puisque c'était juste pour essayer.

Pour essayer, mon œil ! J'avais déjà la première histoire en tête : un récit très court, sur une personne précise, prétexte à aller plus loin. Comme pour la description d'un paysage. C'était ça, l'idée : rencontrer un paysage, le parcourir, le redécouvrir à d'autres saisons, d'autres heures, dans son ensemble, dans ses détails, en prenant le temps. Le faire vivre, dans ma tête, dans mon cœur, sur une feuille de papier ou le clavier de l'ordinateur.

Pas d'ordre chronologique, au début tout du moins ; pas de velléité littéraire, pas d'envie d'être lu, à ce moment-là, pas de recherche de style.

Une vraie gourmandise intellectuelle ; un rêve de gosse, une nécessité d'adulte, presque une impatience ; une évidence.

Une idée qui surgit la nuit, entre deux phases de sommeil, dans la voiture, au milieu d'une discussion, à table, dans une file d'attente, en développant un cliché radio, en suturant une plaie.

La plupart du temps, c'est au cabinet que je tape mes textes, avant ou après les consultations, la nuit, en garde. Ces dernières années, c'est plus volontiers à la maison, quand ma femme est absente ou qu'elle est occupée à autre chose, ou même en vacances, au moment de la sieste, sur mon portable, sur un coin de table de jardin, au fond d'un canapé.

Les mots et les phrases viennent vite, dans l'urgence, dans l'émotion, un peu malgré moi, libres et autonomes. J'essaie d'en contenir le flux, en limiter les débordements tout en les gardant sincères, les canaliser pour les rendre intelligibles.

Chaque fois, je retrouve une personne, une situation, aussi vivante et intense qu'à l'origine, avec la même émotion, la même position privilégiée. Avec l'envie de transmettre, ne pas laisser perdre, rester au plus près de la réalité.

Mon métier n'existe que s'il est communication et humanité ; c'est toute sa force et sa difficulté.

Écrire, c'est tenter d'exprimer cela, cette activité inouïe à très petite échelle, ce quotidien de fourmi, besogneux, artisanal, faussement répétitif, minuscule tranche de vie parmi des milliards d'autres, dans un temps ridicule à l'aune de la planète, sur un échantillon de population très peu représentatif.

Chaque patient, chaque individu rencontré est à lui seul toute l'humanité, l'infinitésimale partie d'un tout et le tout lui-même, comme la plus petite particule physique représente tout l'univers.

Mon entreprise est peut-être égoïste, libératrice certainement, enthousiasmante à coup sûr, éphémère heureusement.

Écrire pour mes enfants, pour ma femme, ma famille, mes amis, pour leur dire que je les aime. Leur expliquer aussi que ma façon de les aimer est d'exercer profondément ce sacré métier de médecin. Quand je me donne de tout mon être dans mon travail, c'est aussi à eux que je donne tout. Et c'est d'eux que je reçois tout.

11e partie

BOUFFÉES D'OXYGÈNE

Il n'est de bataille sans trêve, de discussion sans silence, d'effort sans repos, de musique sans respiration.

Comme ils sont précieux ces moments d'insouciance, de légèreté, d'humour. Quand la vie s'amuse d'elle-même, quand les barrières tombent.

Qu'elle est douce, cette évidence, quand on l'a sous les yeux et qu'on est capable de la voir.

Sucré-salé

Une matinée de février trépidante. Salle d'attente hyperbare ; salles de soins et couloirs saturés de blessés ; cacophonie de coups de sonnette, de sonneries de téléphone, de claquements de porte ; ballet incessant des chaussures de ski sur le carrelage antiglisse : la tension n'a jamais le temps de redescendre. Depuis la salle de radio, j'entends, dans le sas d'entrée, le raclement caractéristique des skis et des bâtons portés par des mains non expertes qui bataillent avec la porte et écrasent la sonnette. Dans un accès d'énervement, je laisse tout en plan pour aller ouvrir. Encore un qui croit qu'en station on peut consulter avec tout son matériel, et qui fait la gueule quand on lui demande de retirer ses chaussures de ski avant d'entrer dans le bureau du médecin !

La colère au front, j'ouvre la porte à toute volée, pour me retrouver nez à nez avec une choupinette d'une huitaine d'années, le visage baigné de larmes et de neige fondue. Le bonnet de travers, elle serre dans ses bras ses skis et ses bâtons en croix, telle une madone aux moufles détrempées.

« Qu'est-ce qui t'arrive, demoiselle ?

– J'ai besoin de faire pipi, sanglote-t-elle.

– Tu te trompes d'endroit, ici, tu es chez le docteur…

– Mais non, j'ai bien vu, c'est marqué cabinet médical ! »

***

En sortant de mon bureau, je manque de me prendre les pieds dans les chaussures d'une ribambelle d'ados belges assis par terre au milieu du couloir, sous le regard morne et néanmoins serein de leur probable monitrice.

« Mais, madame, vous n'avez pas sonné ni prévenu que vous veniez avec autant d'enfants malades ?

– Ah bon, docteur ? Je ne savais pas qu'il fallait vous sonner avant de venir.

– C'est une question d'organisation. Téléphoner peut éviter d'arriver au pire moment, sonner avertit la secrétaire de l'affluence dans le cabinet, et moi je sais que j'ai un patient supplémentaire en attente.

– D'accord, docteur, je le saurai pour la prochaine fois. »

Le lendemain, après un début de matinée intense, comme d'habitude, j'entends un coup de sonnette, immédiatement suivi d'un deuxième, puis d'un troisième, et ainsi de suite jusqu'à sept coups de sonnette successifs sans que j'aie entendu la porte s'ouvrir. Au dernier coup, je suis déjà dans le couloir, avec deux points de tension artérielle en plus et le rouge au front.

« Encore vous, Madame ! Mais pourquoi avez-vous sonné autant de fois ?

– Mais, docteur, j'ai sept gamins malades aujourd'hui, alors j'ai sonné sept fois… »

***

S'il est bien un accident banal en station, et toujours lourd de conséquences pour la victime, c'est l'entorse du genou. Un des deux ligaments centraux de l'articulation, le croisé antérieur, épais comme un gros crayon, a une fâcheuse tendance à rompre si la fixation du ski ne déclenche pas assez vite. La lésion, assez peu douloureuse, se manifeste le plus souvent par une instabilité et un épanchement.

Cette patiente-là, comme beaucoup, pense qu'elle n'a rien de grave et compte se voir prescrire « juste une petite pommade ».

« Je me suis simplement tordu le genou. J'ai entendu un craquement, mais je n'ai plus mal. Le problème, c'est que je n'arrive plus à marcher sans aide, or j'espère bien retourner skier… »

Je prends mon temps pour lui expliquer que sa blessure est plus sérieuse qu'il n'y paraît. Je lui montre les dégâts sur un croquis anatomique et détaille le traitement qui comprend une attelle rigide à garder jour et nuit, des cannes anglaises pour éviter l'appui au sol, ainsi que des injections quotidiennes d'anticoagulants pour empêcher une phlébite[14], avant de rédiger un courrier pour le chirurgien qui la recevra lorsqu'elle sera de retour dans sa ville et décidera éventuellement d'une intervention. Ce faisant, j'insiste encore sur l'interdiction de marcher et lui remets un document détaillant le protocole de suivi des entorses du genou.

14. NDA. : les traitements ont beaucoup changé depuis.

Malgré tout ça, en la raccompagnant sur le seuil du cabinet, j'ai l'intuition que son niveau de compréhension n'est pas celui que j'attendais.

De fait, quelques heures plus tard, la voilà qui me téléphone pour me poser la question qui tue :

« Excusez-moi de vous déranger ; j'ai bien compris que je ne peux pas faire du ski de piste, mais est-ce que, à la place, je ne pourrais pas faire du ski de fond ? »

***

Lui, c'est un petit bouchon de trois ou quatre ans, avec une bouille sympathique, pas inquiet pour un sou. Il est monté seul, comme un grand, sur le divan d'examen. Il regarde avec gentillesse et bonne volonté la grosse tête grisonnante, barbue et fatiguée qui lui demande de faire des choses étranges.

« Ouvre bien la bouche, garçon, pour que je te regarde tes dents. C'est bien ! Maintenant, tire-moi la langue. »

Regard étonné vers sa mère puis vers moi, pour être certain qu'il a bien compris l'ordre.

« Oui, tire-moi la langue ! C'est pour que je voie mieux ta gorge », lui dis-je en lui tirant moi-même la langue, comme le font tous les médecins, pour déclencher le même geste, par mimétisme réflexe.

Alors, puisque je le lui demande avec insistance, et sans doute pour me faire plaisir ou au moins ne pas me contrarier, le voilà qui attrape ma langue de ses deux mains et la tire franchement à lui.

Le souvenir du contact incongru de cette petite main dans ma bouche, du regard confiant de cet enfant, ainsi que de nos deux rires confondus après le premier effet de surprise me réjouissent encore le cœur.

***

C'est une vieille Bessannaise, entêtée et forte en gueule, du style à faire un scandale si elle apprend qu'une de ses copines s'est vu prescrire plus de médicaments qu'elle, ou des plus chers – « C'est quand même pas pour rien que je suis aux assurances ! »

Elle m'appelle un matin de grosse activité – je ne connais pas de faible activité – en pleurs, pour me demander de monter immédiatement la voir. Elle a mal, tellement mal, elle ne peut rien me dire de plus, elle a trop mal pour ça…

Bien que peu convaincu du caractère de gravité de l'affaire, je quitte le cabinet bondé, avec tout ce que cela implique de retard à rattraper, pour filer à Bessans, prêt à tout.

À mon arrivée, elle est toujours en larmes et reste avare d'explications, mais je comprends qu'elle a une forte douleur dans le bras et l'épaule droite. Pourtant je ne trouve aucun symptôme à me mettre sous la dent – si je peux dire.

« Un jour que j'avais quinze ans, j'étais en champ avec les bêtes et j'ai eu tellement mal dans le bras ! Vous ne pouvez pas savoir comme j'ai eu mal, docteur…

– D'accord, mais aujourd'hui, vous avez mal de la même façon ?

– Aujourd'hui ? Non, docteur, aujourd'hui, je n'ai pas mal du tout.

– Mais alors, pourquoi m'avoir fait venir en catastrophe ?

– Ben, je me suis rappelé comment j'avais eu mal quand j'étais en champ, et de me souvenir, ça m'a fait pleurer, rien que d'y penser…

J'avoue ne pas avoir eu tellement envie de rire sur le moment. Je lui aurais plutôt passé la plante des pieds au tisonnier, pour qu'elle ait mal pour de bon. Mais à y repenser, il y avait de quoi rire, et s'en souvenir.

***

Les pisteurs l'ont amené pour une suspicion de fracture de la jambe. Il a une douzaine d'années, plutôt peur que mal, et pose une question angoissée toutes les dix secondes :

« Pourquoi je suis ici ? Où sont les autres ? Vous avez prévenu mes parents ? Qu'est-ce que vous allez me faire avec cet appareil ?

– N'aie pas peur, bonhomme, tu vas juste passer à la radio.

– À la radio ? Sur France Inter ou sur Monte-Carlo ?

Dièses et bémols

Beaucoup de monde encore malgré l'heure tardive, ça brasse dans les couloirs, le voyant rouge radio est allumé, la salle de traumatologie est occupée, les patients continuent d'arriver malgré la fin des rendez-vous et le départ de la secrétaire. C'est le moment où je commence à tirer sur mes réserves, lassitude et fatigue grignotant ma vigilance et mes capacités d'écoute. Je ne suis pas de garde cette nuit, pourtant je reste un moment pour écluser un peu du travail de mon associé.

Je ne m'attarde pas trop quand même : ce soir, il y a chorale et je suis « maître chanteur » ou, plus élégamment, chef de chœur.

Un passage éclair à la maison pour me caler l'estomac, vite fait mal fait, et je file à ma répétition. La tête encore pleine de malades, j'écarte l'épuisement et l'envie d'aller au lit, pour rincer mes pensées, puiser une nouvelle énergie et m'ouvrir à la musique.

C'est déjà une joie de se retrouver, de bavarder de choses et d'autres. Et puis on démarre.

J'ai laissé au vestiaire mon enveloppe de médecin, les choristes ont rangé leurs habits de patients. Oubliés leur âge, leur profession, le village d'où ils viennent. Il n'y a d'autre enjeu que le plaisir d'être ensemble autour d'une même partition amicale. Pendant deux heures, c'est le chœur de la Haute-Maurienne qui bat à l'unisson.

Voilà le seul endroit et le seul moment où je me peux me libérer, me retrouver, me réparer. C'est ma méthode de méditation en pleine conscience, en totale confiance.

***

Juste avant le repas ou après une courte sieste, quand j'ai un moment libre, que ma femme ou nos enfants soient absents ou qu'ils se trouvent à la maison, pour faire tomber la tension, permettre à mes neurones de respirer, je m'assois au piano, soulève le couvercle et laisse mes doigts aller à leur guise. Mon père, déjà, jouait sur le même instrument, en rentrant de son travail au lycée ou quand mes parents attendaient des invités. Il se tenait le dos bien droit, les fossettes relevées aux coins de sa bouche, digne et heureux, interprétant avec élégance Schubert, Chopin ou Bach. C'était sans doute son jardin secret, une marque de sa bonne éducation bourgeoise. Pas plus que lui, je n'aime être écouté quand je joue, si ce n'est par ma famille ; sinon je perds mes moyens. Le temps me fait trop défaut pour que je travaille correctement, pourtant mes doigts se souviennent et le plaisir reste enraciné dans mes années d'enfance.

La musique, comme la peinture, la lecture et l'écriture sont des portes ouvertes sur un monde qui respire.

Bonheurs subtils

Elle doit avoir quatre ou cinq ans. Elles a des traits fins, comme dessinés à la plume, de grands yeux vifs et mobiles, et elle parle avec un débit de cascade claire. Nous nous faisons face, elle assise sur le bord de la table d'examen, sa mère à ses côtés, moi sur mon tabouret à roulettes. Pendant que je change le pansement de la brûlure qu'elle a sur la paume droite, elle caresse doucement ma barbe ou me passe la main dans les cheveux, telle une écuyère calmant sa monture.

Et moi, je me laisse faire en riant.

***

C'est l'hiver, le milieu de la nuit ; je descends du col de la Madeleine après une visite en urgence, seul sur la route qui rejoint Lanslevillard. Le ciel est d'une pureté inouïe et la lune pleine éclaire le paysage comme en plein jour.

Tous feux éteints et levier de vitesse au point mort, je me laisse guider par la pente, jouissant de la douceur nacrée des reliefs, sous la masse presque palpable de la Dent Parrachée qui surplombe le village, un peu plus bas dans la vallée.

***

Les derniers virages serrés amènent à une petite combe qui débouche sur un vaste terrain servant de parking aux randonneurs, toujours nombreux. À partir de cette limite, ils devront utiliser leurs pieds pour aller plus avant dans le Parc national de la Vanoise.

Ma fonction de médecin m'autorise à emprunter la route étroite qui poursuit jusqu'au Plan du Lac et Entre-Deux-Eaux, et me permet d'aller me garer directement devant le chalet d'alpage de Bellecombe où je suis attendu par Phine.

La grand-mère passe l'été avec ses deux filles en s'occupant des bêtes et des touristes qui ont la chance de connaître l'adresse, réputée pour son accueil et les délices de sa table : fromages blancs, lapin à la polenta, tartiflette au reblochon et soupe aux herbes.

« Pendant que tu vois maman, je te prépare un petit café », me dit Simone, l'aînée. Ce n'est pas une proposition, plutôt un ordre affectueux.

Dans la petite pièce au-dessus de l'écurie, j'examine cette femme à la personnalité exceptionnelle et au regard d'acier, aussi généreuse qu'autoritaire, qui m'a déclaré un jour, en sortant de mon bureau, qu'elle m'aimait tellement qu'elle voulait que je sois à ses côtés le jour de sa mort.

Auprès d'elle et dans la simplicité de l'endroit, en peu de mots et peu de gestes, tout à la fois loin du monde et en son cœur même, je touche du doigt la richesse infinie des notions d'humanité et d'universalité.

Après la consultation, je m'accorde un instant pour boire le café qui m'attend sur la table, accompagné d'une faisselle de fromage frais, un bol de mousse au chocolat et une part de gâteau aux noix. Ici, le café n'est jamais servi seul. On parle de la santé de la maman, de la saison à l'alpage et de la vie tout court, et c'est mieux que bien.

Sur le chemin aérien du retour, je m'enivre de la beauté du panorama que je surplombe encore, avant de plonger dans la forêt qui succède aux prairies d'altitude.

***

Elle a dix ou onze ans et un visage poupin et laiteux qu'on croirait être un masque, à la fois tragique et un peu ridicule.

Elle m'est amenée par ses grands-parents qui en ont la garde pendant les vacances, pour une maladie de peau qui ne dit pas son nom et qui a déjà usé trois confrères – dont un dermatologue. Elle a ingurgité une quantité impressionnante de médications, sans efficacité, et le pharmacien qui a vu la fameuse lésion a achevé d'angoisser tout le monde en évoquant une maladie du sang.

La gamine me présente un bras et une main dont la face externe est d'un rouge carmin, avec des limites bien nettes. Le reste de l'examen est normal et l'interrogatoire n'apporte aucun élément intéressant. J'ai beau me triturer les méninges et passer en revue les hypothèses diagnostiques les plus tordues, aucune ne me satisfait.

En regardant de nouveau cette figure muette et cette peau qui hurle véritablement, j'ai soudain le déclic. Avec un simple gant de toilette humide, je fais disparaître en quelques secondes la mystérieuse éruption, qu'elle se peignait elle-même sur la peau, tout en expliquant à la gamine que j'ai bien compris son message. Elle va pouvoir apprendre à exprimer ce qu'elle ressent avec des mots plutôt qu'en s'inventant des maux.

Immédiatement son visage s'éclaire d'un sourire. Ses grands-parents se détendent eux aussi. Je souris à tous les trois avec la satisfaction que l'on peut éprouver en trouvant enfin, après beaucoup d'essais infructueux, la pièce qui manquait à un puzzle.

***

Je la connais depuis qu'elle a six mois et je la vois régulièrement chaque été lors de ses vacances en Haute-Maurienne.

C'est aujourd'hui une belle adolescente, visiblement heureuse de vivre, pleine d'énergie et curieuse de tout. Sa mère a pris rendez-vous, un peu pour des raisons médicales, mais surtout pour me montrer que tout va bien et confirmer ce que je lui avais dit dès notre première rencontre. Sa fille a effectivement quelque chose de plus que les autres, un don que nous ne posséderons sans doute jamais : la faculté de lire l'âme d'autrui, d'en ressentir les émotions, une limpidité affective absolue, une empathie magnifique, une disponibilité artistique innée et une intelligence parfaite du cœur.

Si ces capacités particulières sont portées par certains gènes du chromosome 21 surnuméraire, cela signifierait que l'on a beaucoup à apprendre des personnes dites trisomiques et que la médecine considère uniquement comme débilitées. Cela, je l'ai moins appris de la science que de mon frère et de l'attitude aimante et confiante de notre mère envers lui.

Comme chaque fois, après m'avoir embrassé sur les deux joues, elle quitte mon bureau en y laissant comme une aura de sérénité et d'espérance.

***

La présentation extérieure est banale, presque triviale, mais le contenu est inestimable.

Dans une grande boîte ronde en plastique blanc, hermétiquement fermée par un couvercle souple, a été placée une autre boîte, isolée par une couche de glace pilée. C'est elle qui renferme notre fragile trésor.

On est au cœur de l'été 1999 et Jacqueline, ma sœur aînée vient de quitter la vie, nous laissant une fois de plus désemparés, nous qui avons déjà perdu un frère et nos deux parents.

Sur une coupe en grès vert logée à l'intérieur de l'écrin réfrigéré, a été disposée une poignée de gentianes resplendissantes ramassées en alpage par deux amies paysannes, pour le préserver de la chaleur indécente de ce mois de juillet et de la tristesse ambiante.

Dans son bleu incomparable et sa perfection éphémère, il y a tout le bonheur de la vie, il y a l'amitié au-delà des mots et l'intelligence de l'âme.

À n'en pas croire ses oreilles

« Vous n'avez pas consulté votre pédiatre pour cette diarrhée ?

– Bien sûr que non, monsieur, il ne travaille pas le week-end, et il n'est pas question que nous allions aux urgences pour risquer d'autres infections ! »

***

« Ne crains rien, ma chérie, ici, c'est comme chez un docteur. »

(Mais non, madame, terrible méprise, vous êtes chez le charcutier !)

***

« Pour que ça aille mieux, il faut lui supprimer les laitages, les boissons acides. Et en plus du soluté de réhydratation noté sur l'ordonnance, vous lui donnerez de la soupe de carotte, du riz blanc ainsi que son eau de cuisson, de la pomme et de la banane.

– Ça ne va pas être possible, docteur, elle ne veut boire que son lait et son jus d'orange.

– Vous ne pensez pas qu'à deux ans, vous pouvez encore décider à sa place et ne pas lui laisser le choix ? »

***

« Permettez-moi de vous poser une question. Pendant tout l'examen, elle n'a pas cessé de pleurer, en réclamant “Bonbons ! Bonbons !”

– C'est normal, docteur, notre médecin lui donne toujours des bonbons pour la faire tenir tranquille quand il l'examine ! »

(*Pour la faire taire, c'est pas mal, mais pour lui regarder la bouche, c'est plus compliqué.*)

***

« J'étais si malade que j'ai vomi à triples boyaux. »

***

« En ce moment, j'ai des problèmes en voiture en voilà. »

***

« Ce matin, je me suis trouvé la vierge en flammes. »

***

« Mon Christ du genou me fait souffrir mort et passion. »

***

« Est-ce que vous vous hydratez bien ?

– Oh non, docteur, je fais attention de pas y gratter ! »

***

« Ne me parlez surtout pas de médicaments transgéniques, je préfère ceux d'avant. »

Et je coupe le son

Appel tardif pour un adolescent ayant une plaie à un orteil. Une voix d'enfant répète toutes mes réponses en chuchotant. La communication est étrange et dérangeante.

J'explique que j'attends le blessé au cabinet et indique comment s'y rendre.

Quelques minutes plus tard, ce sont trois personnes que je reçois dans mon bureau : deux adultes et un adolescent, tous les trois pareillement sourds et muets et ne parlant que la langue des signes. La femme lit partiellement sur les lèvres. C'est sans doute avec un deuxième fils, entendant, que j'ai échangé au téléphone.

Parler plus fort est sans utilité, si ce n'est de me donner le sentiment d'être encore un peu plus ridicule et inefficace.

S'ensuit un échange épique, composé de gestuelle improvisée, d'articulation silencieuse, de grimaces expressives et de sourires quand l'information passe.

La salle d'attente est vide, le couloir en partie éteint, et le moindre mouvement, chaque respiration, chaque geste technique paraissent incongrus et bruyants. Une oreille extérieure ne percevrait que claquements de langue, petits soufflements saccadés et claquements furtifs de mâchoires se refermant brusquement. Comme le jeu assourdi de castagnettes sur tapis de velours.

J'ai nettoyé et rangé le matériel, raccompagné ces derniers patients, éteint les lumières restantes, refermé le cabinet, léger et serein, sur la pointe des pieds, sur le bout du cœur.

Le Petit Prince de Saint-Ex

Dimanche 18 août 2019, TGV Milan-Paris, parti de Modane à 9 h 04, voiture 7, place 45. Le wagon est tranquille, pas de gamin qui hurle, la plupart des passagers sont connectés sur leur smartphone, leur tablette ou leur ordinateur, parfois les trois en même temps. Destination : Ons-en-Bray, pour une étape picarde, avant un passage à Rouen, puis la côte normande, objectif final de notre voyage. Pour tromper la fatigue, la longueur du trajet et l'oppression qui ne me quitte pas encore tout à fait, je me suis plongé dans la lecture de *Mille femmes blanches*[15].

Il y a quinze jours, en pleine nuit, une douleur thoracique dure comme une barre d'acier m'a arraché à mon sommeil. Autodiagnostic immédiat, auto-examen rapide, appel au 15, transport aux urgences de Saint-Jean-de-Maurienne par les pompiers et le médecin du SAMU. Analyses sanguines et examen par le cardiologue, pas de cause cardiaque confirmée, biologies négatives, retour au domicile sans traitement ni explications ; « Revenez si ça recommence. » Je me retrouve comme un con, essoufflé, douloureux, angoissé, autodiagnostic mis de côté, doutant de moi et des autres. Pendant quatre jours, je reste épuisé, effrayé par le sentiment d'un danger imminent. Faire comme s'il ne s'était rien passé, aller de l'avant coûte que coûte ? Comment faire semblant ? Puis survient une nouvelle douleur nocturne, dans le mollet droit cette fois-ci. L'un de mes successeurs au cabinet me fait une injection de sécurité avant que je descende voir l'angiologue à Challes-les-Eaux. Il constate une double phlébite profonde. Mon intuition initiale est confirmée : embolie pulmonaire.

Une semaine plus tard, après un contrôle, j'ai néanmoins l'autorisation de prendre le train.

« Nous arriverons dans quelques minutes en gare de Lyon-Saint-Exupéry TGV, merci de ne rien oublier à bord et de

15. Jim Fergus, Pocket, 2004.

prendre garde en descendant du train à l'espace entre la rame et le quai. Ce TGV est sans arrêt jusqu'à Paris gare de Lyon. »

Je pose mon livre et discute un moment avec ma femme, assise à mes côtés, en attendant l'annonce du départ imminent et la fermeture des portes. « Mesdames et messieurs, s'il y a un médecin parmi les passagers à bord de ce train, il est prié de se rendre sur le quai, face à la voiture 5 pour porter secours à une personne ayant fait un malaise. » Je me lève, pas très stable sur mes jambes, et remonte le couloir de deux voitures avant d'émerger sur le quai, face à un petit attroupement de contrôleurs et de personnels de gare. Ils entourent un homme jeune assis sur les marches de l'escalier, pâle et en sueur, déjà pris en charge par un très jeune confrère, un interne probablement. On se répartit les tâches et l'examen clinique avec le petit matériel mis à disposition par la SNCF, on échange nos informations. Nous sommes calmes l'un comme l'autre, attentifs, disponibles. Douleur thoracique aiguë, typique, en étau, irradiant dans le cou et le bras gauche ; homme de vingt-deux ans, tabagique, père coronarien ; vient d'atterrir en provenance de Croatie : infarctus hautement probable. C'est conjointement que nous nous entretenons avec le médecin du 15. Les pompiers arrivent et médicalisent la victime pour l'acheminer jusqu'à un service d'urgence cardiologique. Nous voilà rassurés : le patient est entre de bonnes mains. Je salue mon jeune confrère, chacun retourne s'asseoir à sa place et le train démarre enfin. Vingt minutes de retard, mais coup de chapeau au passage à une entreprise qui sait tout arrêter pour porter secours à un seul individu.

Dans notre voiture, personne ne semble s'être impatienté ni énervé. On va probablement louper notre correspondance, mais peu importe.

Je me sens étrangement bien, sans savoir pourquoi. La sensation qu'il vient de se produire quelque chose d'exceptionnel.

Lundi 19 août, 20 h 45, en gare de Rouen. Nous sommes là pour récupérer notre fils Olivier qui arrive de Toulouse et va passer avec nous quelques jours sur la côte normande. Avant de nous acheminer jusque-là, le GPS nous a fait tourner en rond dans un dédale de rues pavées en pente, entre sens interdits et sens uniques contradictoires. Nous nous sommes garés juste à temps pour nous précipiter dans une succession d'escaliers. Nous nous loupons pourtant sur le quai d'arrivée, mais finissons par nous retrouver devant la gare. Déçu de ne pas avoir accueilli mon fils à la descente du train, j'insiste pour porter ses bagages jusqu'à la voiture. Nous allons dîner rapidement dans un restaurant japonais tout proche.

Au moment de passer commande, je suis pris d'une céphalée violente, inhabituellement brutale et qui monte en puissance. J'associe aussitôt mon traitement anticoagulant avec la possibilité d'une hémorragie cérébrale. Je sais tout ce que cela peut signifier : mon terme est peut-être là, tout proche. Aussitôt je suis assailli par la peur des implications pour mes proches, de ce que je n'aurai pas le temps de leur dire, par l'idée de ne pas revoir ma fille.

Ma femme et mon fils, ainsi qu'une cliente du restaurant, médecin, ont compris que je n'étais pas bien. Ils me soutiennent jusqu'à une table isolée. Je me concentre pour appeler le 15 et leur communiquer un bilan le plus clair possible. Conduit par les pompiers aux CHU de Rouen, je suis dirigé dans le circuit court des urgences et installé dans un box, séparé par un rideau d'un homme âgé qui perd la tête et décompense une insuffisance cardiaque droite. Examen neurologique consciencieux, mise en place d'une voie veineuse avant transfert en radiologie pour scanner injecté. Il doit être 3 heures du matin, mais c'est un vrai embouteillage de chariots devant l'entrée du scanographe. L'hôpital turbine à plein régime, chacun affairé à sa tâche, avec gentillesse, compétence et humanité. L'énergie de ces travailleurs de la nuit m'émerveille, moi qui connais l'épuisement qu'elle engendre. Je tire mon chapeau à ces personnels tournés vers autrui, aux choix de vie qui sont les leurs, souvent méconnus ou dénigrés. Ma femme et mon fils sont partis se coucher, dans l'attente de l'avis du neurologue et du neurochirurgien de garde. Petit à petit la douleur est devenue moins intense. Les deux spécialistes se prononcent au lever du jour, avant le changement des équipes : possible récidive de mon accident de 2007 ; revoir le neuroangiologue à Grenoble ; éventualité d'une nouvelle artériographie et d'une reprise d'embolisation. En attendant, je peux disposer. Je suis soulagé d'être seul à cet instant pour encaisser avant de transmettre les nouvelles.

Je suis ramené à notre gîte rouennais, où nous tentons tous les trois de récupérer de la nuit blanche. Je reste sagement sur place l'après-midi suivante, envoyant régulièrement des SMS rassurants à mon épouse et notre fils qui sont allés visiter Rouen, faute de pouvoir m'être utiles.

J'ai du mal à dormir la nuit suivante, occupé à dompter mes pensées sombres, essayant de reprendre pied, tout simplement.

Nous décidons tous les trois de profiter, dans les limites de mes capacités, de cette Normandie que nous avions prévu de visiter : Étretat, Fécamp, Dieppe, Varengeville, le bois des Moutiers, Veules-les-Roses, et le vieux Rouen que je n'ai pas pu découvrir avec eux. Le temps est idéal, les paysages et les sites superbes. Nous oublions un peu les soucis, nous savourons ce qui est beau, sans arrière-pensées délétères, nous réhabilitons le présent.

Dans le TGV du retour, je termine Les *Grandes Marées* de Jim Lynch[16] et me surprends à rire franchement.

L'esprit un peu plus apaisé, moins fataliste, je m'abandonne aux ondulations de la rame à travers les plaines de la Brie. Et soudain, l'évidence me retrouve et me laisse émerveillé. Ce qui s'est passé à la gare de Lyon-Saint-Exupéry, alors que chacun accomplissait ce qu'il avait à faire, est un signe. Pourquoi ces personnes, à cet endroit, cet instant précis ? Pourquoi moi, pourquoi lui ?

Je réalise enfin que la boucle est bouclée. J'ai passé la main à la jeune génération, elle est pleine d'énergie et d'espérance. Il était temps que je transmette le relais, même si je reste médecin dans l'âme.

Comme le Petit Prince, le renard et la rose, je suis important pour l'autre, autant qu'il l'est pour moi. Chacun est un tout et les parties d'un même tout. C'est ce que j'ai toujours cherché, dans ma vie personnelle comme dans ma vie professionnelle, c'est ce que je viens de comprendre avec une lucidité et une joie incroyables.

Je me laisse envahir par cette révélation lumineuse, infiniment reconnaissant, l'esprit et le cœur grands ouverts.

Le train file à grande vitesse vers mon destin, le reste de ma vie, et je le laisse m'y emmener.

---

16. Gallmeister, 2018.

Table des matières

Dans la même collection « Hommes et Montagnes » :

Jean-Michel Asselin, *L'Irrésistible Ascension de Sonam Sherpa*
Jean-Michel Asselin, *Nouvelles Chroniques des hauteurs*
Jean-Michel Asselin, *Patrick Berhault : un homme des cimes*
Cyril Azouvi, *Une année en haut*
Yves Ballu, *La Conjuration du Namche Barwa*
Yves Ballu, *Les Alpinistes*
Yves Ballu, *L'Impossible Sauvetage de Guy Labour*
Yves Ballu, *Mourir à Chamonix*
Yves Ballu, *Naufrage au mont Blanc*
Patrick Berhault, *Encordé mais libre*
Odette Bernezat, *Que la montagne est belle !*
Toni Bernos, *Les Prisonniers de l'inutile*
Stéphanie Besson, *Trouver refuge*
Philippe Bonhème, *Yannick Seigneur, l'iconoclaste*
Émilie Brouze et Bérénice Rocfort-Giovanni, *L'Hiver en Himalaya - L'ultime défi*
Tommy Caldwell, *Push ! La Vie au bout des mains*
Emmanuel Cauchy, *Docteur Vertical*
Emmanuel Cauchy, *Médecin d'expé*
Emmanuel Cauchy, *Les Chroniques du Docteur Vertical - Intégrale*
Gilles Chappaz, *En solo*
Gilles Chappaz, *Bruno Kauffmann, Le jour J.O.*
Stefan Cieslar, *Au bout de la corde, la vie, la mort*
Collectif, *Dictionnaire thématique des Alpes*
André Demaison, *Les Diables des volcans – Maurice et Katia Krafft*
Denis Ducroz, *Le Pont de neige*
Véronique El Baze, *Christine Janin – Dame de pics et femme de cœur*
Cathy Feray, *Cristallier*
Fernando Ferreira, *L'Alpiniste errant*
Claude Gardien, *Les Nouveaux Alpinistes*
Alain Ghersen, *Risque et alpinisme*
Alessandro Gogna et Alessandra Raggio, *Cordées célèbres*
Gérard Guerrier, *Alpini*
Horst Höfler, *Hermann Buhl*
Jean-Yves Le Meur, *Faux pas*
Djalla-Maria Longa, *Mon enfance sauvage*
Djalla-Maria Longa, *Terre courage*
Claude Marthaler, *Voyages sellestes*
Reinhold Messner, *Le Sur-Vivant*
Reinhold Messner, *Yeti, du mythe à la réalité*
Gilles Modica, *Destin d'alpinistes*
Greg Mortenson, *Trois tasses de thé*
François Nicard, *Secours en immersion*
Louis Oreiller, *Irene Borgna, Là où l'horizon est plat, je ne tiens pas*
Emmanuel Ostian, *Le Pourri*
Marcel Pérès, *Lionel Terray, l'inoubliable conquérant*
Rainer Rettner, *Triomphe et tragédies à l'Eiger*
Françoise Rey, *Crashs au Mont-Blanc*
Isabelle Scheibli, *Le Roman de Gaspard de la Meije*
Roberto Serafin, *Walter Bonatti, de l'homme au mythe*
François Suchel, *Liberté, foulées, fraternité*
Joe Simpson, *Aventures en paroi*
Joe Simpson, *Encordé avec des ombres*
Joe Simpson, *La Dernière Course*
Joe Simpson, *La Mort suspendue*
Joe Simpson, *Le Bruit de la chute*
Mirella Tenderini, *K2*
Mélanie Valier, *Et si tout s'arrêtait là ?*
Mélanie Valier, *Reprends ton souffle*
Beck Weathers, *Laissé pour mort à l'Everest*

Achevé d'imprimer en Espagne en mars 2021 par Liberduplex,
sur papier provenant de forêts gérées de manière durable.